孤帆——著

愛是回家

HOME IS WHERE LOVE BEGINS

前言

我會以愛是回家為書名，
是源自於在 2013 年的五月四日，
我參加了，
生命貴人王慶玲老師的，
相信愛情相信自己簽書會，
慶玲老師送給我的一句話，
對於，
當時處在自我放棄邊緣的我，
看到這四個字，
久久無法自已，
彷彿那存在內心許久的聲音被喚醒了，
我強忍著淚水與激動的心情，
回到了花蓮，
開始正視我內心真正的渴望，
我對生命對未來我還有期待，
我也想回家面對我搞砸的一切，
我並不想結束生命也不想放棄自己，
這是我非常確定的。

於是我回到了家，
生活的考驗持續不斷，

在一次又一次的前進和放棄之間擺盪，
有一天，
我靜下心來，
問了自己一個問題，
如果在沒人肯定支持的情況之下，
我還能做什麼？
我的價值又是什麼呢？
其實我當時也不清楚，
存在的是，
更多的迷茫以及對自己的質疑。

直到，
某一天一位認識多年的好朋友來訪，
訴說著他當時的無助，
我透過慶玲老師療癒師的元素，
結合奧修禪卡這個工具，
讓這位朋友得到心靈上的慰藉與方向，
我開始獲得小小的成就和價值，
這一小步，
也開啟了我在身心靈塔羅事業的發展。

這十多年來，
每一次在與對方塔羅占卜的對話當中，
我也獲得許多的自我療癒。

所以愛是回家這本書，
對我來說，
是讓每一位在人生道路上的迷途羔羊，
找到回到家的道路，
這個家是你與自己內心最貼近的連結，
每一個章節每一篇內容，
都是你我生命中曾發生過經驗過的，
找回事件的源頭，
我們才能以嶄新的模式，
面對人生中的每一個考驗。

祝福閱讀此書的您，
平安喜樂，
恩典充滿！

最後，
我要感謝生命貴人王慶玲老師，
支持我用愛是回家這四個字為書名，
也謝謝生命伴侶薇拉給予我的建議，
感恩合十。

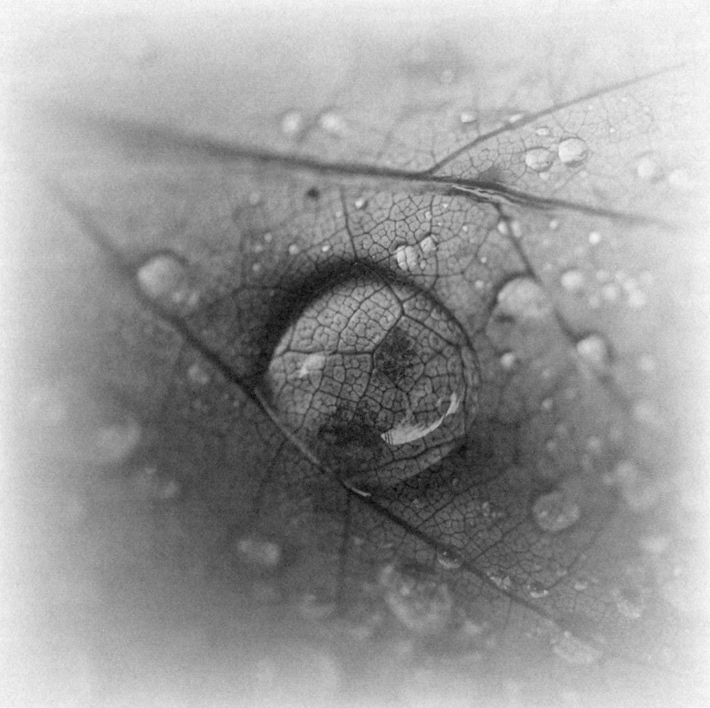

閱讀建議指南

當你翻閱這本書時，
每一篇章節的故事，
都能對應到，
在你身上所發生的內在品質。

（1）
首先你可以在一個安靜的空間，
輕輕地閉上你的眼睛，
給自己三個深呼吸，
默念你想提問的問題後，
靜下心來後，
請你依照你的直覺，
從 1-79 數字之中，
寫下你想寫下來的數字，
寫下來之後，
翻閱那一篇的章節故事內容，
看看是否與你近況有相呼應。

（2）
你也可以準備 79 張便條紙，
每一張便條紙從 1-79 寫下數字，
寫完之後把便條紙打散，

然後隨意抽一張便條紙，
抽到的數字結合書中的內容，
相信一定能喚醒你，
最近在生活上，
或，
關係上所要給予你的提點。

（3）
看完那一篇的章節內容後，
問自己，
接下來你想怎麼做？
目前所發生的事情，
是自己創造的嗎？
如果不是，
那你想讓對方知道你的真心嗎？
如果是自己創造的，
這一刻，
你想為自己做什麼決定呢？

最後，
祝福每一位讀者，
在人生的道路上，
都能走出屬於自己的道路！
感恩合十。

推薦序

靈性僕人 王慶玲

因為有光，人的眼睛能看見前方，但這雙眼睛唯一看不見的，就是自身的光。

2013 年的一個午後，孤帆來到療癒空間，那是我們第一次的遇見：

「我本來想要結束自己…」轉瞬間他哽住想說的話。

沒關係，我們都有本來以為的事，但他還是北上赴約了。

帥氣外表和讓人想去疼愛的赤子能量下，孤帆娓娓道來生命陷落的痛苦，我卻看見他內在具有張力的潛能，透著色彩濃烈的內在之光，如同許多來到療癒空間個案的每個人，都有等待被釋放的巨大力量。

時間充滿了魔法，今年農曆春節剛過完，有天接到孤帆的訊息，我們通了電話，電話那端是他喜極而泣的感動與感謝，他終於完成了第一本療癒書寫，第一時間的好消息，可知我有多麼的歡喜，也就多麼的欣慰。

「老師，我想對你說謝謝，還有對不起……」

我相信他沒有傷害過任何人，道謝與道歉卻是他療癒書寫的真切體悟。

若這是一部電影，畫面肯定會倒轉到過去，他有發生什麼錐心刺骨的事？他又是如何經歷和面對？然後又建構了什麼樣的關係品質？底層的看見和明白又是如何幫助他贏回如實如是的自己？

我與讀者們一樣迫不及待的想深度了解，同時我多了一個參與的身份，在孤帆精彩又驚奇的生命歷程中，榮幸成為他在許多關鍵時刻的指引者。

慶玲很幸運能先細細閱讀孤帆這本療癒之作，在每篇禪卡釋義裡，有著孤帆誠摯用心的筆觸，字字皆來自他走過的愛與痛，句句都有他醒悟後的真與悟，誠然是一位落地踏實的療癒引領者。

儘管慶玲在書中出場很多次，可知我在孤帆敞開赤裸的文字裡，深深感謝能在書中被文字重新播放那些重要回憶，以及書中總能讓我熱淚盈眶的每一幕真實。

於此，預祝這本書能再刷又刷一直刷，也祝福讀者在孤帆的療癒書寫中找到自己的無限可能。

推薦序

薇拉

他曾以為，這一生做了一個錯誤的決定，這一生被徹底摧毀了。

我認識孤帆，是他在人生最谷底之時。

我們的相識，在一堂由王慶玲老師帶領的形塑課程，他是課堂中非常耀眼之人，完全看不出當時的他深陷苦難中。若他不說這是他的生命故事，我會覺得那些故事通常都只會出現在電影裡，或者是小說之中。

而當時的我，剛離開前一段婚姻，生活也在五里雲霧中尋找光明。

我們因身心靈課程而結緣，但並沒有因此而熟稔彼此。真正的讓我們更認識對方，是來自於純粹心靈空間舉辦的一場公益活動。當時，我為了支持空間與活動，預約了孤帆的塔羅。

活動當天剛從杭州出差回到台北的我，急急忙忙地回家卸下行李，趕到了純粹心靈空間，參與了義賣品的選購，還有我的塔羅占卜預約。

記得當時的我，提出的問題是關於感情的，我心儀的一個對象。

孤帆從我揀選出來的牌卡，為我解說這一段感情的可能性。 當時的解說並非不準確，而是不切合我意，於是我像不認輸的孩子玩輸了一個遊戲般地對他說，你這個說的不準啦！

孤帆笑笑地回答我，「很準啊！」不然我們來看看如果算我們兩個，會是如何？

於是我揀選出另一張牌卡，打開來的是一張有著五彩繽紛的兩棵樹，兩棵樹的樹梢交集在一起，文字解說這張牌的含義是「友誼」。 這下子我改口說，你的牌解的非常準，我們之間是友誼沒有錯。

孤帆回應我，所有的關係都是從友誼開始的。

是的，之後我們成了朋友，在我原有的世界裡那些無法對家人朋友說出口的苦，得著了一個出口。 也因為如此，某天當我在電話的這一頭哭泣之時，電話那一頭的他告訴我，他要上來台北陪我。

台北與屏東的距離，約莫是 376 公里。

但對當時的孤帆而言，這趟距離是靠近生死邊緣的。這段故事，有興趣的人有機會可以聽聽當事人敘述，在他的書中也能略知一二。

於是，他想盡辦法來到台北，也走進他生命的另一個方向與風景。

決定來台北生活，對於長年習慣南台灣熱情陽光、居住空間寬敞的他，適應起來非常困難，台北除了空間狹小、生活步調急促，還有濕冷的冬天。

除了這些外在的不適應，更令他難以忍受的，是那個搞砸了一切的自己。

即便來了台北，決心好好重新生活，起初的那些年，生活並非社群媒體上那樣風光，在工作不如意之時，那些失敗與覺得自己糟糕的感受，反而更深的攫取著他。

這十年來，我看著他，走著跌著、笑著哭著、時而昂首時而垂頭、時而想要鼓起勇氣奔跑往前，時而想要放棄一切回到家鄉，每一步都不容易，每一步都是火裡來水裡去。

但是，他留下來了。

在我們一起共創的天使與狼塔羅心靈空間中，他非常認真的為每一個來到這裡尋找答案的人，用他的熱情還有他獨有的方式 – 從他的生命中所發生的，以及後來頓悟到的，還有在身心靈學習後的自我探索而得到的智慧，引導原本只想要快點得到答案的客戶們，去看見影響他們至深的根源所在。

從一開始的在實體空間面占，到後來因為疫情而開始有了遠距占卜，讓他的塔羅有機會服務了世界各地的人們，受眾從平凡如我、到有名氣的人。

他特有的個人風格與解牌方式，得到了許多客人的信任，與他們進而建立了如同朋友、家人般的情誼。我見證了這些客人在日後，無論是在工作、感情或者與家人的關係上，有了新的方向，新的發展。

而孤帆，也在他生命故事新的篇章繼續發光發熱。

推薦大家閱讀這本愛是回家，集結了他的生命故事與他在塔羅的過程中的智慧，這是一本沒有華麗堆疊的文字，只有如同他本人的特質，真實率性中帶著細膩與溫暖的一則則故事。願你從書中得到共鳴，或如同我一般，在閱讀後得到感動與啟發。

天使與狼塔羅心靈空間共同創辦人 薇拉

作者序

從你能想像的荒唐、落魄、失敗，
都在一路上發生了，
但他一路朝著光走。

如果用一句話來介紹自己，
我想說：
從短暫的荒唐，
走入踏實平凡的人生。

從孩童時期步入中年之後，
回顧過往，
才發現自己原來一直活在自己的劇本裡，
許多的發生只是一種個人感受，
但它並不是事實，
少了許多的深層溝通與了解，
讓很多的不解存在在自己的內心。
這樣的模式，
也失去了很多人與人之間的信任。

十幾年前，
在純粹心靈空間接觸到奧修禪塔羅，
當時我並沒有覺得有特別之處，
直到 2013 年上完了，

慶玲老師的療癒師課程之後，
發現這套牌卡可以結合療癒，
找到事件所發生的源頭後，
重新取回力量。
這套牌卡給予我以及許多人，
在困頓迷惘的時候找到方向，
雖然我沒有代言，
但我非常推薦它。

透過 79 張牌卡的生命故事，
想跟您分享的是你對於愛的定義，
每段關係都脫離不了愛，
這也都包含了，
友誼、家庭、伴侶、親子、以及人際關係。

透過這本書，
可以了解你內心世界的狀態，
讓原本，
沈重的壓力與包袱，
得到快樂和釋放的出口。

我目前身為天使與狼塔羅心靈空間共同創辦人，
身心靈學習多年 ，
善用奧修禪卡，
引導前來尋求答案的朋友，

從中看見自己的生命，
進而由自己的心得到解惑，
協助許多朋友們，
在蛻變生命過程中，
創造出成為自己所喜愛的人！

我非常感謝這一路上所有的遇見，
感謝我的媽媽，
雖然您這些年常說：
因為您沒有當媽媽的經驗，
所以，
小時候不知道怎麼和我們相處，
不是打就是罵，
但我想跟您說，
我相信您已經盡力了，
也特別能明白這一切都是您對我們的愛。

感謝我生命中的貴人慶玲老師，
2013 年是我人生最崩壞的時刻，
私訊您想讓您做個案療癒，
您直接邀約我來台北喝咖啡，
從一杯咖啡到晚上的聚會，
我的人生開始有了變化，
謝謝您這一路上，

對我無私的付出，
我深刻的銘記在心。

感謝我的生命伴侶薇拉，
謝謝妳這一路上的接納與陪伴，
接納當時一無所有的我，
無條件的陪伴著我，
讓我花很長的時間修護自己，
不批判也不怨懟，
謝謝妳對我的愛。

我也要感謝前妻，
謝謝你當年引薦我來台北，
報名慶玲老師的個案療癒，
如果不是當年你的分享，
我不會有這個緣份，
認識慶玲老師，
謝謝你。

感謝我的弟弟與弟媳，
幫我照顧媽媽照顧家裡的一切，
讓我在台北可以安心的生活，
謝謝你們的付出。

感謝我的孩子們，
你們的懂事與理解，

讓我放下許多的自我批判，
也讓我在你們身上，
看見一份對生命的堅持。

最後，感謝所有遇見的每一位，
您們的出現，
在我生命中都扮演著重要的角色，
除了滋養我的生命，
也讓我成長收穫滿滿，
謝謝您們！

目錄

(1)

重擔

牌義：

以對方的想法為主，
只會讓自己走的更緩慢沈重，
放下別人賦予你身上的期許，
勇敢地走出屬於自己的道路！

其實，
很多時候，
別人並不是要控制我們，
按照他們的想法去執行，
但我們，
都忽略了表達當下的狀態，
讓對方能更了解自己！

有好幾次，
下班後，
另一伴訴說她下班後，
想去附近的公園走走，
如果我當天心情不錯，

我回應他的方式，
絕大部分都會說好啊！

但總會剛剛好碰到，
我當天什麼都提不起勁的時候，
而我為了要符合男朋友的標準，
有責任感有愛，
並且要展現出我對他的在乎，
我勉強自己答應了。

出發前，
我會先提問：
那你今天大概要走幾圈呢？
她說：大概兩圈吧！

我心裡盤算著，
兩圈頂多 30 分鐘左右，
熬一下就過去了，
殊不知，
兩圈走完後，
另一伴興致勃勃的還要多走一圈，
或還想去附近的商店逛逛，
那一刻，
我的不耐和煩躁都會浮現出來，
我心裡不爽對方說話不算話，

我心裡想著，
難道你察覺不出來，
我今天心情鬱悶嗎？
怪罪對方自私的心情油然而生，
相對的那一天的散步品質，
看起來我人在旁邊陪伴，
但我的心思，
一直想著什麼時候可以結束！

有一天，
我思考著，
真的是對方的問題嗎？
她真的是只考慮自己的人嗎？
我突然意識到，
我並沒有讓她知道，
我當下的狀態，
我放棄了自己的發言權，
她並沒有勉強我配合她，
是我為了要證明，
自己愛她而做出來的決定……

之後，
遇到相同的事情，
我會真實的告訴她，

親愛的：
可以明天嗎？
明天我再陪妳去散步，
我今天有點累想回家休息了，
她回說：
那你先回家休息，
我可以自己去就好。
我說：
謝謝妳的諒解，
那我先回家休息了！
但我也補充說：
如果有一天妳真的需要我陪伴，
就算我說了我的情況，
妳一定要讓我知道妳的需求，
那一刻就算我很累，
我也願意為妳付出一切！

從生活中，
我們會發現，
藏在心裡的細節，
只有自己知道，
如果你不說，
旁人是無法理解的！

禪卡引導：

此刻你有想拒絕某些邀約嗎？
你想煮飯還是不想煮飯呢？
你有想讀的學校嗎？
你應該做什麼？
不應該做什麼？
符合別人期望中的應該，
都不會是自己的真心，
尊重自己的選擇，
為你這一刻的選擇負起責任，
你會感受到自在。

後記：

沒有靈魂的陪伴，
產生的，
不是緊密，
而是距離！

(2)

慢下來

牌義：

太過在意別人對你的看法，
以及，
害怕自己的選擇是錯誤的，
這沈重的包袱，
只會讓自己更難以做決定！

放下完美情節，
別太害怕失敗，
你會走的更輕盈自在。

記得剛來台北的時候，
人生地不熟，
當時的我，
也正經歷人生最崩壞的時候，
住在女朋友家，
整整半年沒有工作沒有收入，
生活的開銷都是由女朋友張羅，
內心除了有很強烈的罪惡感，

也對自己的未來非常沒有信心。

這半年，
我除了打掃家裡，
洗衣、拖地、吸地、倒垃圾，
我一方面也在調整自己的心態，
我很感謝另一伴，
當時給予我一個修護自己的空間。

半年後，
我有一天對於這樣的自己，
感到厭惡，
我心想，
我不能再繼續下去了，
我想找一份工作，
至少可以先養活自己，
我把我心裡的想法告訴了另一伴，
我說：
我想去找一份工作，
做保全或社區的管理員。

她說：
那不是你真心想做的，
同時也問了我一個問題，
她說：如果錢不是問題，

你會想做什麼？
我脫口說出：
如果錢不是問題，
我想找一間工作室，
把自己所學的心靈課程，
透過塔羅牌引導別人找到方向。

她回說：
那你去找吧！
錢的方面我會支持你，
就算失敗了，
也沒關係。

當時我除了感動，
對自己也有很深的懷疑，
更多的是害怕失敗的結果，
讓自己更沒有臉去面對。

所以，
我有去找工作室，
但，
我不敢承租下來。

過了幾天，
我透過朋友的分享，
我開始在頂好名店城和咖啡廳駐點，

我開始有了收入，
也能養活自己了，
我應該滿足了。

一年後，
我很清楚自己，
現況已經無法滿足我了，
渴望開工作室的念頭一直在我心裡，
但面對租金的壓力和收入相差太大，
雖然還是會讓我卻步，
但那一刻我決定，
為自己的渴望努力拼搏一次，
就這樣有了天使與狼塔羅心靈空間！

禪卡引導：

你有想去旅遊嗎？
你有想創業嗎？
你有想去學習一直渴望學習的事嗎？
許多問題看起來是跟錢有關，
其實是跟自己的意願有關，
你把焦點放在錢？
還是你的意願呢？

後記：

問題永遠都會存在，
只有，
勇敢的面對一切，
才會有豐富的經驗值，
去發現自己的天賦潛能！

(3)

道德律

牌義：

因為在意外在的看法，
而拘束的活在別人的期望中，
太過在乎對錯好壞，
而錯失了許多機會。

心結是自己給自己的，
打開心中的枷鎖，
你才不會處在固有的僵硬狀態裡！

有一天接到兒子打來的電話，
在話筒的那頭，
你說：
爸爸這星期六你有空嗎？
星期日是你的生日，
還有過三天也是姐姐的生日，
我想請你跟姐姐去吃貴族世家。

在聽完電話的霎那間，
我驚喜著不知如何回答，

一方面是感動，
一方面是那一天我人不在屏東，
還有最重要的另一面是，
我那段時間的狀態非常不好，
我不想讓兒子女兒察覺到，
我無助茫然的樣子。

當下，
我只簡單委婉的向兒子表達，
星期六我人不在屏東，
其實是我內心在逃避這份恩典，
我覺得，
我不配擁有孩子對我的這份愛。
但也糾結我拒絕孩子後他的心情，
所以經過討論後，
選擇隔天晚上慶祝。

當天我很開心，
也好感動，
我見到了兒子，
我說：兒子，你真的要請客嗎？
這花費是你一個月的薪水耶，
小學四年級的你，
下課後幫親戚賣水果的薪水，

當同學在玩耍打球時，
你奉獻自己的時間，
每個月所賺的費用，
都交給母親貼補家用，
假日是全天，
寒暑假更是不間斷。

為了我的生日，
你不會捨不得嗎？
你天真無邪的回答我，
不會呀，
我覺得很值得！
這個回答深深的觸動了我，
彷彿也鬆開了我內在對自己，
一直存在的批判與自責。

我一直覺得，
我不能失敗、犯錯，
只要你失敗、犯錯，
你是沒有資格接受，
別人對你的付出和關愛的。
這樣的信念，
讓自己受限之外，
也阻絕了人與人之間的情感流動。

我接受了你對我的付出，
不再執著於，
因為自己沒盡到父親的責任，
也把自己的人生搞的亂七八糟，
所以不配擁有的信念裡。
因為我清楚明白，
這是你的一份心！

禪卡引導：

你覺得你不配嗎？
你覺得你很差勁嗎？
除了錢名利車子房子收入，
還有你沒發現的自我價值，
等著你去運用它。

後記：

別讓過去所犯的錯誤，
而影響了自己一輩子！

(4)

抗爭

牌義：

當你武裝自己，
別人是看不出他所有的情緒，
因為害怕衝突，
而隱藏了自己真實的樣貌，
唯有脫下這一身的盔甲，
才能讓對方看清楚你的樣子！

26 年前的一個發生，
初為人父的喜悅，
在當天殷殷期待著，
隨著孩子的出生，
我驚嘆著生命孕育的偉大。

但這份喜悅卻只維持三天，
三天後，
孩子因為醫院的疏失，
而離開了我，
伴隨而來的強大悲傷，

其實已經快把我擊潰。

準備好的嬰兒用品，
床、尿布、衣服……
在很短的時間內，
我必須收藏起來，
也順便要把我的悲傷給隱藏著，
因為，
我的前妻她當時所受的苦與悲痛，
我想應該是我無法去承擔的。

於是我開始武裝自己，
裝做只是一個生命的無常來安慰她，
目的是希望她能盡快走出傷痛，
同時我告訴自己，
我不能沈浸在相同的情緒裡。
於是，
我開始透過工作，
透過玩樂，
透過忙碌來忘記曾經有發生這件事，
甚至在看電視時，
看到有關於出生小嬰兒的新聞，
都刻意轉台，
避免讓彼此再回想起。

身心靈學習這麼多年後，
才漸漸地體會到，
越刻意逃避的，
並不會因為時間的流逝而淡忘，
隱藏背後的傷痕，
似乎，
已經像刀一樣刻在心裡的某一處，
成為了無法抹去的印記！

在某一天的某一刻，
尤其在夜深人靜時，
那一幕幕還是會突然間被喚醒，
彷彿再次身歷其境。

也讓我再次回憶起當時的我，
在事件發生時，
所做的這些事，
看似是為對方好，
但卻沒有進入到對方的心裡，
也沒有去深入了解對方的需要，
更沒有給對方機會，
理解我的難過與不捨，
我越是刻意逃避不談起，

越是有一道鴻溝阻絕了我們的連結。

我想，
也許當時在前妻的心裡，
也有著她對我的疑惑，
為什麼我能這麼瀟灑？
為什麼我能這麼快忘記？
為什麼我可以裝做好像沒事發生？

其實真相是，
我不敢面對這殘酷的發生，
我不敢承認自己害怕失去，
我不允許自己脆弱崩潰，
我恐懼自己的心情會影響對方，
總總的心魔障礙，
讓我們的心越來越遙遠，
碰觸不到彼此的真心，
這份愛，
開始愛的沈重又辛苦～

禪卡引導：

這一刻你會焦慮嗎？
你需要陪伴嗎？
還是你想要一個人獨處呢？

你可以不需要再偽裝自己了！

後記：

真實的活著會感受到一份踏實。

(5)

師父

牌義：

成為喜愛的自己，
代表不需要任何條件，
因為一切都擁有了。

當我與另一伴創辦了，
天使與狼塔羅心靈空間後，
有半年的時間，
因為房租與生活的壓力，
面對來預約的客人，
我開始變得放不開，
我能很明顯的感知到，
這和我之前，
在外面駐點時有很大的不同。

記得那一年，
有一位客人每個月都會來好幾次，
雖然帶給我不錯的收入，
但我就是開心不起來，

甚至久了，
只要他預約我都會很有壓力，
這麼持續了半年，
我越來越排斥我熱愛的這份事業。

某一天，
我靜下心來問自己，
這份事業明明是我喜愛的，
為什麼，
會讓此刻的我有這麼深的無力感？
到底發生了什麼事？
是從什麼時候開始的？

我發現，
原來我面對這個客人，
我沒有真實的面對自己，
明明對方的態度，
有時已經踩了我的底線，
我選擇隱忍，
我不敢告訴對方，
你已經讓我不舒服了，
我害怕我說出來之後，
關係變得不和諧，
對方再也不來預約了，

這樣我就少了一份可觀的收入，
畢竟在當時他是我的大客戶啊！

隱忍的情緒，
終會有爆炸的時候，
那一天大客戶占卜後，
我受夠了，
我直接請對方離開，
還很豪邁的說：
錢不用付了，
請你去找適合你的老師。
對方離開一小時後，
我對自己的行為感到後悔。

同時有好幾個聲音，
一直盤旋在我的腦海裡，
我從事身心靈的工作，
我不該這麼情緒用事，
我應該以和為貴，
我不該跟錢過不去，
我不該有脾氣，
你以為你真的很厲害很有知名度嗎？
你以為很多人排隊給你算塔羅嗎？
你憑什麼請對方離開？

你下個月的收入，
有誰可以替代這位大客戶呢？
這些對自己質疑的聲浪不斷湧現。

經過一個禮拜的沉思，
我發現，
這位大客戶是帶生命禮物給我的，
透過這個發生，
是他讓我找到自己的定位，
找回屬於自己的人格特質，
也讓我省思到一件事，
如果這個大客戶，
我都做的很疲累了，
改天萬一遇到比他更大咖的，
我不就要把自己的靈魂給出賣了，
想想這真的不是我能接納的自己！

我感謝這個發生，
也感謝這位大客戶，
帶來這麼棒的生命體悟，
讓我從心出發，
找回自己獨一無二的特質！

禪卡引導：

你總是配合別人嗎？
你在犧牲自己嗎？
還是你一直在成為別人眼中的那個你？
真正的你是很有個人特色的你發現了嗎？

後記：

允許自己活出屬於自己的特質。

(6)

和諧

牌義：

越在意外在的和諧，
而不敢表達內心真實的感受，
別害怕，
表達內心的想法後會帶來什麼變化，
這個變化，
只會讓自己更貼近自己的心！

與另一伴交往一個月左右，
有一天我們出去遊玩，
我們如同熱戀中的男女，
並肩攜手同行，
在等紅綠燈準備過馬路時，
我當下想放屁，
我牽著她的手往屁股裡放了一個屁，
她驚訝的說：
你怎麼這樣。
我帶著戲謔的口吻笑笑的說：
怎樣，很好玩吧！

她沒有多說什麼，
我們就回到家了。

隔了兩天吧！
我們在散步時，
我並沒有想放屁，
但，
我故意把牽著她的手放在屁股後面，
她因為有之前的經驗，
很快的就甩開我的手，
我依然笑笑的說：
哈哈！其實我沒有想放屁啦！
她翻了個白眼，也沒說什麼。

經過一個禮拜，
我們吃完晚餐，
走在巷弄裡，
那一刻，
我想放屁了，
我抓緊她的手，
不讓她有機會掙脫，
就這樣達成了我的目的，
這一次，
她停下腳步，

狠狠的瞪著我說：
你以為這樣很好玩嗎？

這反應的回饋，
讓我有點措手不及，
我心想是不是今天她的心情不好，
所以，我開的玩笑不適當，
以前我一定先道歉接著安撫對方，
當下，
我只有問她，
我說：親愛的我想問妳，
為什麼第一次我開妳這個玩笑，
妳沒有像今天這麼大的反應？
她說：
其實你第一次開這個玩笑，
我已經不舒服也不覺得好玩。
我接著說：
親愛的如果第一次發生時，
妳有很明確的告訴我，
妳的感受，
我絕不會再做同樣的動作，
整件事看起來是我不尊重妳，
還是妳給了我不尊重妳的權利？
看起來是我傷害了妳，

還是妳賦予我傷害妳的機會？

這兩句話，
是在王慶玲老師的心靈課程上，
老師一針見血的，
讓我們還原真相還原愛時所說的，
也讓我在人生道路上，
遇到困頓迷惘時，
反覆會問自己的一句話。
真的非常感謝王慶玲老師的教導！

我能理解，
為什麼第一次的不舒服，
妳沒說，
因為，
我們出去遊玩，
心情氛圍都很開心，
妳不想破壞這個感覺，
所以，當下沒說。
如果沒有這些年心靈課程的滋養，
我舊有的劇情，
雖然還是會道歉安撫，
但也會怪罪對方，
就算妳今天心情不好，

也不要遷怒於我。
畢竟，
我真的不知道，
她一開始就不能接受我開的玩笑！

禪卡引導：

你的底線是什麼呢？
有什麼是你明明在意，
但別人還不知道的嗎？
你有時常說出你的感受嗎？
說出來會讓別人更懂你的。

後記：

表明上的和諧，
只會讓自己更分離！

(7)

治療

牌義：

發自內心說出自己的感受，
不透過頭腦的編織，
或壓抑自己真實的情感，
這一刻是充滿真心的時刻！

交往後的衝突爭吵，
在每一對戀人之間幾乎在所難免，
我在每一次的爭吵中，
總會帶著情緒的把分手掛在嘴上，
我以為對方應該能了解，
我是在說氣話，
我也以為對方能接受我的情緒。

這樣的模式大約經過了三次吧！
有一天另一伴薇拉語重心長的告訴我：
親愛的，
我希望我們下次無論吵的多激烈，
你可以不要把分手掛在嘴上嗎？

因為，
你每一次說分手，
都會讓我感覺你隨時可以不要我，
你隨時可以遺棄我們的感情，
我聽了之後，
覺得很震撼，
畢竟，
這是在過往伴侶關係中，
是不曾有過的經驗。

在過往感情的關係上，
只要有爭吵，
我都會用相同的模式對待對方，
這樣的習性行之多年，
也沒有任何一位前任，
告訴我她們無法接受。

或許，
當時的她們，
也想表達她們的感受，
但更擔憂表達意見後，
彼此的衝突會擴大，
所以選擇不說。

我很感謝另一伴，

有真實的說出她的想法，
不然，
我應該會用過去的經驗對待她。

禪卡引導：

你的心其實受傷了你知道嗎？
為什麼要隱藏自己的情緒呢？
你總是在取悅別人嗎？
閉上眼睛給自己三個深呼吸，
好好擁抱自己吧！

後記：

別人能接受的，
不代表你能接受！

(8)

一個片刻接著一個片刻

牌義：

生命不可能一直停留在原地，
所有的狀態是我們不需要過度擔心，
只有敞開自己，面對一切，
我們才不會被恐懼所障礙。

在生活中的自己，
每個片刻的狀態都不同。

會想成立屬於自己的工作室，
很大部份的原因，
是讓自己有歸屬感，
之前在外面駐點的時候，
因為是拆帳的方式，
客人占卜結束後，
我必須請客人離開，
也理解老闆的經濟效應，
畢竟，
老闆請我來駐點不是和客人話家常的。

這樣日復一日，
我感覺像個機器人一樣，
沒有人與人之間的溫度，
沒有過多的連結。

有了自己的工作室之後，
客人占卜結束後，
只要還有時間，
我可以享受人與人之間的互動，
沒有壓力沒有負擔的盡情在當下，
我喜歡這樣的自己，
透過工作，
還可以交到朋友。

客人也因為我的熱情，
漸漸地拉近彼此的關係，
但偶爾會遇到，
客人結束後，
我當下不想多聊的時刻，
我因為自己的預設立場，
不想讓客人感覺我變了，
變得商業不再有熱情了，
當客人結束後，
很尊重的問我說：

老師你接下來有預約嗎？
我說：目前沒有，怎麼了？
他說：
我還有一些時間才要忙，
我方便跟你聊聊天嗎？
當下我不好意思拒絕，
答應了這個請求，
但我發現，
我的狀態並沒有投入在這一刻，
漫不經心的談話品質，
讓我覺得毫無意義。

這次的經驗結束後，
我思考著問題的源頭，
我赫然發現，
我沒有如實的告訴對方，
即便當下還沒有人預約，
即使我有時間，
但我那一刻我想把時間留給自己，
原來是我創造了這樣的聊天品質。

在這之後，
我遇到相同的狀況發生時，
我很直爽的告訴對方，

不是我不想跟你聊，
但今天真的不適合，
因為，
我昨天跟另一伴吵架，
或我昨晚睡得不太好，
這一刻我想把時間留給自己！

禪卡引導：

你常說違背自己內心的話嗎？
你想休息了嗎？
你想要另一伴幫你做些什麼嗎？
大方的說出自己的需求，
享受片刻的寧靜幸福時光。

後記：

敞開心說出來的感覺，
讓自己得到該有的品質！

(9)

前世

牌義：

過去的陰影，
過去不美好的發生還烙印在內心，
能影響自己的不是過去的陰影，
而是你現在此時此刻的決定。

曾經我對愛有很大的不安全感，
我不相信愛情的永久，
我不信任伴侶的堅貞。
所以只要我進入一段關係，
我都會偷吃外遇來背叛對方，
透過這些只是要證明，
自己是很有魅力的。

然而，
這樣子的發生數十年來，
並沒有在伴侶關係中有更多的昇華，
反而，
重蹈覆轍的上演分離感，

分離是來自於內心的分裂，
總是用試探的方式去對待對方，
也曾經用控制的方式來束縛對方。

直到進入這段關係裡，
才慢慢慢的起了一些變化，
交往半年後，
另一伴決定要去印度自助旅遊，
我所回應的態度很悠然自在，
感覺好像無所謂，
其實內心是充滿了許多的不信任，
三男一女的旅程裡，
深怕這些天的相處會有什麼火花，
因為當時的我一無所有，
害怕自己隨時會被取代，
對自己毫無自信，
我想把自己的脆弱不安告訴她，
卻又裝做若無其事，
但心不停的拉扯著我，
那段日子兩個人的關係品質，
看似百花齊放，
內心實際上是波濤洶湧，
水深火熱的翻動我心。

直到另一伴要出發前的兩個禮拜，
我才鼓起勇氣，
承認自己的不安與脆弱，
問了一個我想問的問題，
我說：
如果有一天，
你們因為這趟旅程，
朝夕相處後有了更多的連結，
有人追求妳，
妳會怎麼做？

當下另一伴的回應是：
這不可能，
我也不會接受，
也從來沒有思考過這問題。
即便聽到這個答案，
我的心還是會有擔憂恐懼。

就這樣過了兩天吧！
我問自己，
我到底在害怕什麼？
我害怕失去，
我害怕受傷，
我害怕被背叛，

我害怕我所付出的一切付諸流水…
當下，
突然覺察到我內心的恐懼不斷擴大，
並想控制這一切的發生。

我回想到，
慶玲老師【相信愛情，相信自己】
影片中的一段話，
『每一刻，
愛都是真的，
也許下一刻愛會變了，
但那一刻它就是真的。
而如果你發現它都是真的地時候，
你會發現你沒有失去。
你就是滿滿的體驗，
然後你得到了非常多的
是在你的生命滋養裡！』

這些話不停的，
浮現在我的腦海中，
沒錯，
每一刻愛都是真的，
就算下一刻愛變了，
但至少現在躺在伴侶身旁的是我，

與伴侶一起生活的人是我，
所以我何不好好的愛在當下，
我何不全然的信任對方呢？
在看見自己的盲點後，
心也坦然的，
祝福對方旅遊愉悅，
同時也分享著我的體悟！

禪卡引導：

你一直被不完美的經驗影響嗎？
想進入關係又害怕被傷害嗎？
你覺得很多人都在利用你嗎？
其實沒有你的允許，
他們是無法控制你的。

後記：

發現自己的心牆，
就能跨越了！

(10)

超越幻象

牌義：

無論外在有什麼變動，
都不影響自己的決定，
當一個人把焦點放在真心渴望的去努力，
那麼，外在再大的考驗也撼動不了他。

記得剛上來台北時，
每次下班騎著摩托車在回家的路上，
在停紅燈等綠燈亮的那一瞬間，
總不自覺的把油門拉到最底，
這樣的狀態持續了一個禮拜，
有一天，
我突然感覺好像哪裡不太對勁，
那台 50CC 的摩托車，
無論我把轉速轉到最後，
它只能維持相同的速度，
而我為什麼緊抓不放呢？

原來，

我已經被旁邊下班的人潮影響了，
每個人都快速的從我身邊呼嘯而過，
而我的動作也跟著快了起來，
我問自己，
這是我以前騎車的模式嗎？
其實並不是，
我想起在家鄉騎摩托車時，
除了專注之外，
我內心是很悠閒自在，
怎麼換了一個城市，
就變得如此緊繃了呢？

自從發現自己被外在事物影響後，
我開始調整自己，
我會以自己當下的狀態去面對，
不趕時間時，
我會選擇靠旁邊慢慢騎，
不影響趕時間的人，
看看欣賞經過我眼前的風景，
或與另一伴聊聊天。
調整後，
在騎車的路上，
我更能享受當下專注於自己了！

禪卡引導：

你總是專注在別人身上嗎？
你是否太在意別人的觀感？
你會怕麻煩別人嗎？
其實有些人一點都不覺得你很麻煩，
他們很樂意為你付出，
但你相信嗎？

後記：

專注是讓自己更貼近自己！

(11)

勇氣

牌義：

堅定你所堅定的，
勇敢的跨出那一步，
享受過程帶來的成長收穫，
這些經歷將使你更茁壯，
一切過程都充滿了考驗，
需要更多的時間去面對，
耐心將會讓你有所體悟。

2018 年的五月，
跟伴侶一起創辦了，
天使與狼塔羅心靈空間，
許多的問題一一浮現，
關於辦活動的看法，
或者是邀請各領域的老師來開課，
場地的租借，
室內的擺設……
我們的想法不盡然會是一樣的，
摩擦衝突當然更不會少。

記得最深刻的，
因為，
天使與狼塔羅心靈空間的臉書粉絲專頁，
我們共同擁有，
當有客人私訊想預約時，
如果我剛好在忙，
她看到了之後，
為了不想讓客人錯過，
她會先幫我回覆，
這個立意良善我知道，
也能明白她的用心。

不過，
我的感受真的不是很好，
我覺得我少了被尊重的感覺，
我覺得我沒有被重視的感覺，
但面對她的熱忱好意，
我不知該怎麼辦？
一方面，
我又怕破壞了我們的感情，
另一方面又怕她難過傷心，
在一次又一次的隱忍之下，
我發現，

如果我再不說，
所累積的情緒在爆發的那一刻，
威力一定很強大。

有一天，
我終於鼓起勇氣向她說：
親愛的，
我很謝謝妳幫我回覆客人的訊息，
但有時候妳回覆的內容，
並不是我想回應的，
舉例來說：
我的作息妳很清楚，
星期六日除非家庭日出遊，
一般只要有預約，
我一定會接，
這是我的行為模式妳非常了解，
但妳知道嗎？
妳如何確定我那一天會想接預約呢？
還有我覺得，
我沒有自主權不被尊重，
我希望之後客人私訊預約，
如果我剛好在忙，
妳只需要幫我一個忙，
就是告訴對方，

我剛好有客人在忙，
晚一點會回覆這樣就好。

這次的深層溝通後，
讓彼此在往後不同意見時，
更能明白對方的需求！

禪卡引導：

你有常貼對方標籤嗎？
你的個性很急嗎？
你想要趕快知道結果是嗎？
對方反應慢，
不是他不在乎而是他需要思考周全，
你願意給對方時間思考嗎？
如果願意，
那需要多久的時間呢？

後記：

大方的讓你身邊的人，
知道，
你喜歡什麼，
你不喜歡什麼，
會有許多的恩典發生！

(12)

轉入內在

牌義：

不因外在的聲音而影響自己想表達的，
一旦太過依賴別人的想法，
只會讓自己內心充滿混亂。

從事塔羅心靈事業十多年，
會一起來占卜的伴侶佔少數，
大約百分之一吧！
也許他們有自己的顧慮，
當然，
剛開始我也會有自己的擔心，
害怕自己所說的，
讓前來的伴侶們感情生變，
後來我覺得這個擔憂是多餘的，
因為我必須相信牌卡帶來的訊息，
我也務必信任自己的專業。

有一天，
第一次接到，

一對夫妻一起來占卜，
讓我留下特別難忘的經驗，
當時老公一直很想開火鍋店，
把所有想法分享給老婆，
而老婆的回應是：
她需要老公更詳細的計劃，
因為害怕萬一失敗時，
要面對的困境，
透過塔羅牌，
還有加入了“療癒”的元素，
讓彼此都聽到了，
對方內在真實的聲音。

其實老婆並不是反對老公，
不支持老公，
而是擔憂未來，
害怕失敗時所要面臨的一切，
包括了金錢、面子尊嚴，
但其實在老公的立場上，
他已經做好完全的準備了，
對於老婆提出的更詳細計劃，
他無法透過言語去表達，
畢竟老公沒有開火鍋店的經驗，

懷著的就是一股渴望的信念與夢想。

我分享著慶玲老師的教導，
問了老婆一個問題，
如果妳所害怕擔憂的事並不會發生，
妳會怎麼做？
她直接回我：就做啊！
我說對啊，
我們常讓自己陷入一個情境，
還沒去行動，
就已經去定義了結果。
生命有無限的可能，
無論結果如何？
沒有對錯，
只有全然的去經驗它，
才會讓生命有所完整！
看著他們說出自己的感受後，
彼此更貼近彼此的心，
我想那是最動容的時刻！

禪卡引導：

你常支支吾吾嗎？
你的真心想說什麼呢？

別人聽到的是你想表達的全部嗎？
別人的反應不如你預期，
或許是我們也沒有明確表達自己的立場。

後記：

遺憾，
總在過多的顧慮中誕生！

(13)

參與

牌義：

這是一個良性的互動，
透過這個互動可以讓彼此更了解彼此，
那也代表你要先表達你真實的想法，
也讓對方訴說他的想法，
在取得共識之前，溝通是首要的。

離婚後，
孩子歸前妻扶養，
因為不願承認對這個家還有愛，
我刻意選擇疏離，
相對的，
陪伴孩子的時間很少，
在我人生高光時刻，
在兒女生日聖誕新年時，
以及平常生活中，
我只有透過金錢或購買服飾來彌補自己的過失，
好說服自己，
有盡到父親的責任。

但在我人生崩壞之時，
我再也無法用物質來填補自己的不足，
尤其北漂之後，
自己還沒有豐功偉業可以有個榜樣，
讓孩子知道，
所以疏離的親子關係，
讓我一直覺得，
我的孩子可能不喜歡我，
基本上，
我就是個麻煩製造者，
誰見誰都怕吧！

有一次，
我回到家鄉約了兒子一起用餐，
我把我心中的疑惑問了兒子，
我說：
爸爸在台北生活，你會想念我嗎？
兒子：當然會啊！
我接著問：
是在什麼時候想我的？
你想我，可是我幾乎很少接到你主動打電話給我。
兒子：有時候晚上要睡覺前，
我沒有打給你，
是因為不知道你是不是在忙。

是因為不知道你是不是在忙。
我：那你會想接到我打給你的電話嗎？
因為每次打給你，你好像都很忙，
我也怕打擾你，
兒子：
當然會想接到我打的電話，
就算有時候通話時間短暫，
我也覺得很好。

簡短的對話，
讓我不再活在自己的劇情裡，
我告訴兒子，
以後如果你有任何需要，
直接打給我，
告訴我你任何想分享的，
就算爸爸在忙，
我也會在第一時間回你電話。

禪卡引導：

你有沒有傳了訊息對方已讀還沒回的？
你有沒有遇到對方提議了，
但其實你是有意見的？
你想要尋求協助嗎？

是讓彼此互動更貼近的時刻。

後記：

別因為害怕聽到你不想聽到的答案，
而一直陷入在自己創造的劇情裡！

(14)

頭腦

牌義：

想的事情太多，
每一個面向都有顧慮到，
這只會讓自己更加綑綁，
這個綑綁只會讓自己看不清楚自己真實的樣子，
別人也會因此不了解你真正的問題。

一直以來，
我在關係裡，
有一種迴路在循環，
即使已經從事身心靈事業多年。

舉例來說：
2024 年的三月份跟媽媽有一些摩擦，
媽媽撥了通電話說，
以後我們還是少說電話，
彼此內心祝福彼此就好，
母親節或生日，
也不用包紅包給我。

我沒有多說什麼，
只說了一句：好，我知道了！
掛完電話後，
我開始了延伸自己的劇本，
我心想媽媽就是不喜歡我，
我覺得我就是不成材，
還沒有豐厚的收入，
我認定了媽媽只要沒見到我，
心情應該都會很好，
基本上我深深覺得，
我的存在對媽媽來說，
應該就是個災難。

當這樣劇情擴散時，
我也停止了一切跟媽媽的互動，
就算生日或母親節打了電話給媽媽，
也能感受到不自然，
短短幾秒鐘，
匆忙的表達完生日快樂就結束了。

其實，
我並沒有為自己的真心盡全力，
我害怕影響對方的心情，
更害怕的是，

自己被再次漠視。
心魔與真心糾結在一起，
消耗了許多寶貴的時間。

曾經我以為，
離開逃避是最容易的，
後來才明白，
你所抗拒的一切，
總會透過一些類似重複的發生，
讓你學會勇敢經歷一切。

我以為，
我做的很多了，
其實，我比誰都清楚，
我還沒有真實的面對自己的真心，
去承擔，自己該負起的責任。

我省思自己的一切，
這些年，
我知道，
我有所成長，
但惰性，
讓我時常放過自己，
進而到得過且過！

禪卡引導：

你有常說你不知道嗎？
你很想說出你心裡的感受是嗎？
你有需要有人陪你一起去海邊散心嗎？
沒有持續去嘗試，
怎麼會知道結果會不同呢？

後記：

人一旦太過於多慮，
就會綑綁束縛，
面對自己的真心去創造吧！

(15)

創造力

牌義：

創造來自於自然流動的狀態，
不需要模仿，不需要成為誰，
更不需要刻意去迎合，
而是活出真實的自己。
當你想完成一件事時，
只需要投入你的情感，
這產生的結果是豐富有趣的。

記得在成立工作室前，
我以為金錢一直是，
阻礙我完成夢想的最大問題，
所以，
遲遲不敢去面對自己內心的渴望，
有一天我靜下心來問自己，
如果我真的有足夠的錢可以開工作室，
真的就沒有其他的問題阻礙我了嗎？
我聽到了一個聲音，
其實，

我真正害怕的是，
萬一入不敷出失敗了呢？
別人會怎麼想怎麼看？
原來這才是真正的主因啊！

找到原因之後，
我再次想起慶玲老師的教導，
如果你擔心的事，
不會發生你會做什麼決定？
那一刻，
我開始把焦點放在我真心渴望的，
去創造，去面對所有問題。

當然金錢仍然是我的問題之一，
但此刻的我內心充滿了堅定和希望，
我記得，
為了突破金錢障礙，
我透過臉書募款，
寫下我的渴望，
也真實的表達我的需求，
除了收到四萬多元的夢想基金，
也收到許多人的祝福。
當然，
還有我的媽媽給我一筆錢，

支持著我，
並告訴我說：
你想做就去做吧！不要想太多。
我真的非常感動，
也真心感謝所有人給予我的恩典。

當然在透過臉書寫完我想表達的，
我仍然，
還是會在意別人的眼光和想法，
也在乎會不會沒有人回應我，
在按下確定發佈文章前，
我再次提醒自己，
在不妨礙影響別人的前提下，
你可以用自己的方式去創造自己。

禪卡引導：

你是不是希望對方支持你的決定？
你需要更多的時間去考慮是嗎？
你想去看看外面的世界是嗎？
拿回屬於自己的主導權，
你會充滿喜樂的。

後記：

這次的經驗，

讓我學習到，

創造是來自於自己內心深層的渴望！

(16)

投射

牌義：

別人不了解你真實的感受，
你也不知道他真實的想法，
透過自己在對方面前真實的樣子，
才能了解對方真實的想法。

2013 年是我人生最崩壞的一年，
因為幫朋友擔保造成負債累累，
我選擇逃避離開家鄉，
來到一個陌生的城市花蓮，
在花蓮待了半年後，
回到屏東我熟悉的家，
記得剛回到家的時候，
我刻意錯開和媽媽見面的機會，
不清楚自己該用什麼樣貌去面對她，
兩天過後，
也從堂妹那裡聽到，
我媽媽跟我堂妹說：
只要我不要跟她說到話就好。

我認真把我聽到的，聽進去心裡。
二個月過去了，
我們母子之間真的沒有交集，
有一天，
一位女性朋友來找我，
告訴我說：
因為昨天應酬，頭有點痛，
可不可以借我的客廳，
讓他休息。
我答應了，
大約過了兩個小時，
朋友在客廳休息，
我準備出門去張羅我的晚餐，
在樓下我遇到了我的媽媽，
媽媽輕聲細語的跟我說，
如果你有朋友來，
可以帶去外面有冷氣的地方嗎？
我不等她說完：
就直接跑上樓上，
叫醒我朋友請他馬上離開，
我眼淚不停的流，
我朋友問我怎麼了，
我說沒事，你先離開吧！

當下，
我的反應是，
就是因為我沒有幫忙負擔家裡的費用，
所以我沒資格在家吹冷氣，
我感受不到家庭的溫暖，
我覺得家裡充滿了利益，
我埋怨母親的現實，
也自責自己的無能，
我討厭這個家，更厭惡自己。
這樣的情緒經過了一個禮拜，
某一天在深夜，
我問自己，
母親真的是在跟我計較電費的多寡嗎？
我回到家已經兩個月了，
也有男性朋友來家裡聊天，
也沒聽他說過這些話，
我突然意識到，
母親真正想表達的是，
在你人生最谷底的時候，
台北有一個女朋友在支持你，
我不清楚你會不會做出對不起女朋友的事，
也不知道你跟你朋友是否是純友誼，
所以，眼不見 心不煩。

畢竟在過往男女關係上，
媽媽是清楚知道我的女人緣很好，
也有許多的桃花，
所以她才擔憂，
但又害怕說出她的想法後，
我們有衝突，
才在我下樓買晚餐時，
輕聲細語的說！
而我還沒聽完她想說的，
就跑上樓離開了。

禪卡引導：

你是不是覺得對方不喜歡你？
你是不是覺得對方不重視你？
你是不是以為對方不愛你了？
你所聽到的也許是他的片面之詞，
不需要太早判斷結果，
了解事情的真相後再做決定吧！

後記：

多問多了解。

(17)

心智圓熟

牌義：

條件是外在界定的，
只有清楚自己內在所擁有的，
才不會陷入比較匱乏之中，
多認同肯定自己，
因為這就是獨一無二的你。

從事心靈塔羅占卜十年，
這十年遇到來詢問的，
不外乎就是感情、工作、事業居多。
那天一位剛認識不久的朋友來預約，
詢問了他目前的工作建議，
希望透過塔羅占卜能給他一個方向。

他說：
目前待業中二個多月了，
心越來越慌，
也開始懷疑自己，
雖然年前有找到工作，

這間主管讓我感覺人不錯，
但收入跟我上一家公司相比少了一半，
我很猶豫要不要去。

透過牌卡的建議，
我告訴他，
其實不是該不該去的問題，
重要的是你在自己的工作上，
該用什麼樣的態度去面對，
我說：你會離開上一間公司，
一定有你無法接受的地方是吧？
他說：沒錯，我待了兩年，
但我越來越不快樂，
覺得自己都在配合公司，
好不容易我熬了兩年，
有點成績了，
才鼓起勇氣去爭取自己該有的權利，
卻發現公司的理念和我相去甚遠，
所以我離開了。

我說：
塔羅牌給你的建議是：
在尋找下一份工作前，
請你把焦點放在你在意的，

如果你在意的是收入，
那不需要跟自己的想法背離，
還有最重要的一點是：
你不需要等到你有成績了，
才有說話的權利，
表面上的配合，
會讓別人誤以為你配合度很高，
很好說話，
但其實真正的你，
非常有個人的風格魅力，
當你等到成績不錯時，
再展現你原本的特質，
那公司主管同事，
也需要一些時間來重新認識你，
與其繞了兩年發現不適合，
不如從一開始，
就允許自己如實的展現自己，
這樣才能讓彼此更了解彼此。

他聽了之後，
很篤定的告訴我，
那他知道該怎麼做了。

禪卡引導：

你害怕被別人排斥嗎？
你的意見常被你忽略嗎？
你要被認同喜歡了，
才會勇敢表達自己嗎？
無條件接受與眾不同的自己，
你會活得更暢快。

後記：

別怕，
就是有人特愛你真實的樣子！

(18)

空

牌義：

代表一個結束也是一個開始。
這是一個還在等待的狀態，
還不確定下一步該怎麼做，
一旦你決定了，就賦予了它很大的可能性。
別害怕做決定，
你當下的決定都是正確無誤的。

在很多年前上了慶玲老師療癒書寫課程之後，
心裡頭有很深的啟發，
也決定動筆完成屬於自己的書，
一開始，因為不會使用電腦，
我買了稿紙一個字一個字寫下來，
寫了大約五千字，
有一天因為和媽媽有不愉快，
我覺得不被支持，被否定，
加上自己存在已久的心魔，
我把所寫的稿紙燒了，
我心想就算寫出來了也沒有人懂，

我當時各方面的狀態也不好，
寫了也不會改善我目前的生活，
其實，
最大的原因是自己害怕再次被否定，
害怕寫出來後的反應結果不如預期。

事隔十年，
為什麼我今年願意開始了呢？
我發現之前，
我把我的渴望建立在別人的觀感身上，
所以提筆寫作是一件非常困難的事，
這次，
我真心問了自己的初衷，
寫這本書的目的到底是什麼？
我這麼的回答自己：
寫這本書的目的，
是為了讓我的孩子家人能更了解我，
我跟兩個孩子幾乎沒有入心的交流，
我在做什麼？
現在人在哪裡？
發生了什麼事？
為什麼爸爸要這麼做？
他們應該不是很清楚，
他們應該有許多的不解或好奇，

無論是不是我想的這樣，
我就是想把這些經歷透過這本書紀錄下來，
有了明確的目標，
我每天開始寫書，也找到了自己的定位。

禪卡引導：

你很害怕做錯決定是嗎？
你是不是覺得沒人懂你？
你這一刻很需要一個擁抱陪伴是嗎？
為自己的真心去體驗，
你會有源源不絕的力量！

後記：

為自己的真心去做決定，
而不是為別人的想法做決定。

(19)

罪惡感

牌義：

沒有最好的自己，
只有最真實的自己，
罪惡感來自於對自己的批判自責，
人一旦陷入懷疑，
就會忘了自己的真心是什麼？
所以請允許自己活出自己的一片天！

我深刻記得在 2015 年的農曆過年前一個禮拜，
我收到了薇拉的訊息，
後來我們通了電話，
心情傷心難過的她，
訴說著她那陣子煩心焦慮的事，
我除了傾聽，也很直接的告訴她說：
我上去台北找妳，
我們見個面，吃個飯聊聊天吧！
但是，我目前身上僅剩 35 元，
我不知道我能不能順利借到錢，
如果有我就上台北找妳，

如果沒有我也沒辦法。

我沒有這麼直白表達自己的不堪過，
尤其要面對家人朋友或愛人，
我特別在意他們的眼光，
雖然當時我們不是男女朋友，
但薇拉是我想追求的對象，
在還沒通電話前，
我有告白過但被薇拉拒絕了。
我很明白我過往的模式，
我不可能讓自己最憔悴不堪的一面讓她看到，
我會這麼如實的說出我的狀態，
並不是要獲取同情，
我只是不想再偽裝自己了，
明明自己狀態不好，
朋友問起我都說還好，
明明需要陪伴，
卻怕自己讓朋友添麻煩，
明明自己在意的事，
因為害怕關係變的不和諧，
我都說算了。
這些過往的模式，
讓自己忽略了自己的真心。

我因為對薇拉說出了我真實的狀態，
（僅剩 35 元）
我們有了更進一步的發展，
這一小步也走到現在。
十年過去了，
我再回顧看當時的自己，
我覺得我很踏實不會覺得不堪。
畢竟沒有人是完美的！

禪卡引導：

你常批判自己嗎？
你常自責自己做的不好嗎？
你覺得自己沒有別人優秀是嗎？
問自己這一刻你盡力了嗎？
如果已經盡全力了，
就學習寬恕自己肯定自己吧！

後記：

接納自己的全部，
你會更有動力往前走！

(20)

存在

牌義：

這是一個敞開接納的狀態，
也是一個肯定自己，
不質疑自己的狀態。
即使沒有人理解，沒有人支持，
但你已經跟自己的內心合一了。
當你已經存在了，
更不需要去證明自己。

曾經歷人生的崩壞期，
是來自於我幫朋友擔保借貸，
超過了自己的能力範圍，
最後朋友無力面對償還離開了家鄉，
我也跟著跑路去了花蓮生活半年。

在花蓮一個人待了半年，
換了電話，刪了臉書好友，
把自己關在五坪大的套房，
因為無法接受這個結果，

我沒有心思去找工作，
我幾乎每天都想放棄自己。

我不停的問自己，
為什麼我的好意和義氣，
會造成現在的局面，
是我被利用了嗎？
還是我被欺騙了呢？
有很長的一段時間，
我不再信任友誼，
更不相信有患難與共的真情。

透過慶玲老師的心靈療癒課程，
才一點一點拼湊在一起，
原來這兩個朋友，
曾經在我人生最困頓的時候，
幫助過我，陪我走過低潮，
那一年我靠賭博獲得一筆錢，
我賭的很順利，
但他們很不順利，
我為了要證明我是個感恩的人，
我幫他們借貸擔保，
但金額已經超過我能力所及的範圍，
當他們再次開口時，

我沒有拒絕，
怕他們覺得我不信任他們有償還的能力，
這些顧慮讓自己越陷越深。
透過課程療癒，
我才明白，
原本就沒有人在利用我欺騙我，
也看到了自己的本質，
我本來就是懂得感恩的人，
那我又何必刻意去證明自己呢？
看見了自己的盲點，
我不再怪罪對方，
也不再陷入自責的情節裡！

禪卡引導：

你是不是時常在證明自己，
你為了要證明自己已經很疲累不堪了是嗎？
你的存在都建立在別人對你的認同嗎？
無愧於心的時候，
就是你接納自己的時刻！

後記：

寬恕別人是跟自己和解的過程。

(21)

執著於過去

牌義：

太過在意別人的想法，
太過在乎別人的話語，
只會讓自己有一個框架，
這個框架是符合別人期望的。
唯有放下這個框架，
才能展現真實的自己。

二十三歲時我踏入了壽險業，
我在壽險業待了七年，
我遇到了很棒的主管，
他們也是我的阿姨和姨丈，
在他們身上除了學習到知識，
更多的是對自己工作領域的負責任態度。

離開壽險業後，
我們幾乎沒有聯絡，
有近十年的歲月裡，
我依靠賭博維生，

沒有一份正當的工作，
直到我來到台北開了工作室，
我一直想回去看看我的主管，
也希望主管能給予我一個機會曝光，
因為我想擴展我在屏東的塔羅事業。

然而，
因為過去我搞砸了自己的婚姻，
有不務正業多年，
更何況我在台北也還沒做出成績，
我不知該怎麼面對他們，
就這樣耽擱了一段時間，
有一天我跟媽媽說了我的想法，
媽媽直接給我主管謝經理的電話，
我鼓起了勇氣，打了電話給她，
我說：明天我想去拜訪您，
您有空嗎？
因為好多年沒聯繫，
突然我的來電，
也讓對方錯愕，
謝經理回答我說：
要找我做什麼？
我說：

我想把我現在在做的事跟您分享，
如果您聽了，覺得可行，
我想去您們單位辦一場講座，
我相信對業務同仁會有幫助！

隔天我依約來到我曾經熟悉的地方，
也看到了一些熟悉的臉孔，
說完我的來意想法後，
謝經理雖然沒有馬上答應我，
但也幫我引介給其他單位，
於是我開始有了一場又一場的講座，
我非常感恩謝經理對我的信任，
給予我一個機會展現自己。
並感謝自己拋下過往的執著包袱，
朝自己的目標前進！

禪卡引導：

你有想見的人嗎？
你有想對某人說你的感受嗎？
你心裡是不是有許多疑惑？
說出自己的感受，
內心才不會七上八下。

後記：

對自己有感，
你會感受到一份寧靜！

(22)

平凡

牌義：

簡單自然的創造自己，
雖然是平凡的，
但這一切將會是最真實的，
如果你有一片土地，
你會想種下什麼植物，
這一切是你喜愛的！

透過書寫，
我反覆著回憶自己的過往，
對於紀律我真的很陌生，
但卻有著有紀律的美好經驗。

這讓我回想起，
１８歲那年，
我辭去了工作，
我不顧家人的反對，
自己開了一間檳榔攤，
由於母親對於檳榔的反感，

直接的告訴我，
要做有益社會的工作，
檳榔是不好的，
檳榔攤這麼多了會有生意嗎？
我當時只有一個念頭，
您一直以來就是不支持我，
不看好我，
所以才說一堆理由來阻止我，
懷著一顆不被了解的心，
我還是堅持做了。

一個月過去了，
我每天六點起床，
有紀律的開店，
到晚上九點回家，
那時候一台破舊的摩托車，
每天載著貨到檳榔攤，
二個月後，
母親買了一台摩托車給我，
並告訴我說：
每天看你載貨這樣子很危險，
大台的摩托車你比較方便好載，
一直以為，
母親關心的是生意的好壞，

與賺錢的多寡……

在心靈成長學習的過程中，
才讓我體會到當時母親對我的一份關愛，
其實母親並不是不支持我，不看好我，
而是擔心我的收入影響我的生活，
我也沒有事先讓媽媽知道我的決定，
她當然會有不被尊重不舒服的感受。
當我開始有紀律有目標的工作著，
家人的支持與愛，
會不斷的湧入我的生命裡！

牌義：

你遇到困難了是嗎？
這一刻你希望有人陪你說說話嗎？
你希望對方能為你做什麼嗎？
獨立自主的生活很棒，
但如果你需要團隊或家人的協助，
也請坦率的表達自己的需求。

後記：

覺察自己的狀態，
是否有處在有紀律有目標上。

(23)

愛情夢

牌義：

這個人很渴望關係是緊密的，
但卻一直在等待，
沒有訴說他的渴望，
唯有說出你的想法，
才能被了解被支持！

明明是一頓開心的晚餐，
卻是不歡而散收場。

跟另一伴一起工作，
我們幾乎 24 小時會在同一個空間，
不是在工作室就是在家裡。

有一天我餓了，想吃晚餐，
問了另一伴：親愛的妳會餓嗎？
她：我現在還不會。
我忍著飢餓等她公事忙完了，
她有飢餓感時，一起去用餐，
過程中她並沒有發現，我很餓，

我也沒有跟她說。
所以，
到了餐廳她慢條斯理的研究菜單，
這個也想吃，那個感覺也不錯，
我突然不耐煩的告訴她，
妳趕快做決定好嗎？
妳看不出來我已經很餓了嗎？
她被我的怨懟感到莫名其妙。

想當然爾，
這頓飯是在無交集中結束，
事後，我問自己，
為什麼我有這麼大的情緒？
原來是我為了討好對方，
勉強自己陪伴對方用餐，
而犧牲了自己該用餐的時間，
我覺得對方並沒有關注我的需求，
我認為對方很自私不夠細心，
很多的怪罪油然而生。

我省思自己所做的一切，
其實，
我並沒有真實的讓對方知道我的狀態，
經過這件事情之後，

如果有遇到同樣的情況，
我會直接告訴對方，
我餓了，我想先去吃飯。
這樣的品質讓我們倆都自在許多！

禪卡引導：

你很少主動說出你的想法嗎？
你希望有人問你怎麼了嗎？
你想要關係更緊密嗎？
你需要什麼不需要什麼，
可以大方的讓對方知道。

後記：

想要別人了解你，
就說出自己的需求！

(24)

延緩

牌義：

早晚都要做決定，
不需要再拖延下去，
不需要因為條件不足，
而不敢正視自己的渴望，
當你認知到你就是獨一無二的，
你會開始創造接納自己的一切。

還沒有成立工作室之前，
我有幾個客人，
在占卜結束後問我：
老師請問你有在教塔羅牌嗎？
我想跟你學，
我其實很驚喜也很惶恐，
驚喜的是，
我解牌的方式有人認同喜愛，
惶恐的是，
我要收多少錢呢？
他們付出了金錢時間後，

對他們會有收穫嗎？
這些擔憂，
讓我一延再延，
也不停的找不同的藉口搪塞。

直到我有了工作室之後，
我督促自己，
不能再有任何藉口推託了，
因為成立工作室另一個目的，
是想把我所學習到的，
教給有意願來學習的朋友們，
我開始聯繫過去有意願的朋友，
當然有些人當下報名，
有些人也沒有當初這麼強烈的渴望了。

我省思這個經驗，
也提醒自己，
未來我要勇敢承擔自己的目標，
為自己的渴望全力以赴，
我不確定他們上完課之後，
會不會成為塔羅老師，
也不確定對他們的未來是否有幫助，
但我確定的是，
我會毫無保留，

全然的把自己的專業交託出去！
我想這才是我該重視的。

禪卡引導：

你有拖延的習慣嗎？
你總覺得自己還不夠好是嗎？
你是不是不敢做決定呢？
其實沒有最完美的時刻，
不需要害怕做錯，
更不需要追求完美，
機會來了就好好把握！

後記：

拖延總是讓自己一再錯過！

(25)

友誼

牌義：

想要關係走得長遠，
就要讓對方知道你的感受，
並傾聽對方的想法，
如此才能在關係上，
在情感上得到滋養與平衡。

在情侶關係上，
久了，
就好像失去了像好朋友般的情誼，
好朋友可以暢所欲言，
情侶之間往往就會有所顧慮，
我跟伴侶之間的飲食習慣有很大的差異，
我喜歡一早起床的第一餐吃麵或飯，
她喜愛的是西式早餐，
一如往常的早午餐，
我提問：親愛的你想吃什麼？
她說就吃家裡附近的早餐店好了，
其實當天我特別想吃麵，

卻不好意思說出來。

我討好迎合的心態再次出現，
就這麼剛好，
想吃的那一間那天休息，
後來，她提議吃另外一間早午餐，
我心想，這個剛好沒開的早餐店，
彷彿在提醒我說出自己的真心話，
我當下把握機會，
跟她說：
親愛的還是妳去吃妳想吃的，
我去對面的麵攤吃麵，
如果妳先吃完，妳再來找我，
如果我先吃完，我再去找妳好嗎？
聽完，她支持我的想法。

這樣的關係模式，
讓我在往後的關係上有很大的改變，我很清楚，
如果我沒說出我的想法，
我心裡一定會怪罪對方，
為什麼每一次都是我問妳想吃什麼，
而你，從來沒問過我想吃什麼？
我一定會覺得不公平沒有被在乎，
心中的不滿一定會無限延伸，

透過這個發生，
也提醒我，遇到想法不一致時，
真實的表達自己！

禪卡引導：

與人相處時你會表達自己的感受嗎？
你想出門還是待在家呢？
你想要去看日出嗎？
關係要更了解彼此，
別忘了傾聽對方的意見，
也如實的表達自己的心聲！

後記：

讓你失衡的不是別人是自己。

(26)

精神分裂

牌義：

左右為難，
面對選擇並沒有最完美的方式，
勇敢的做出你真心的決定，
因為你是自由的。
一旦做出了決定，
那一刻就不再卡住了。

成立天使與狼塔羅心靈空間七年了，
這七年我在塔羅占卜的工作上，
也會遇到自己不知如何抉擇的時刻，
某一天，
有位常客他也是大客戶，
撥了電話給我，
我當時有客人沒接到，
回到家已經快 11 點了，
那天的預約超乎預期，
我看了這通未接來電，
猶豫著要不要回撥，

會猶豫是因為我當時已經沒電了，
我想好好休息，
但又害怕萬一自己沒回電滿足對方，
他會不會因為這樣而去找其他的老師，
我會不會因為這個決定，
減少收入也多了競爭的對手？
當時有一個念頭浮現，
那就回電吧！
回電後簡短快速的解牌不就好了？
但我也思考著，
如果我真的這麼做了，
有賺到了錢，我會心安嗎？
其實不會，
我會覺得我對不起自己的良知，
那還有什麼方式呢？
其實我想了大概兩分鐘，
我決定如實的把我的狀態跟對方說，
我傳了一封簡訊給他，
我說：
不好意思，
我剛忙完，
今天有點累了，
我想休息了，

有什麼事，
我們明天再預約好嗎？
對方回說：
老師您先去休息，
我明天再聯絡您。
這封簡訊傳完後，
我的心是平靜的。

禪卡引導：

你想要兩面都討好是嗎？
你常讓自己陷入為難嗎？
你是不是很難拒絕別人的請求？
讓自己像小鳥飛翔，
這一刻你是輕盈自由的。

後記：

問自己，
如果你擔心的事並不會發生，
這一刻你會做什麼決定？
（這句話來自王慶玲老師的教導）

(27)

精疲力竭

牌義：

要完成的事情很多，
想表達的話很多，
但因為顧慮到對方的觀感，
而遲遲沒有行動，
這樣的狀態只會讓自己更加混亂痛苦。

如前面我所提到的，
我剩下 35 元的心路歷程，
記得當時，
我鼓起勇氣向四位朋友借一萬元，
前面三位都拒絕了我，
心很沮喪，也很埋怨，
埋怨他們的不近人情袖手旁觀，
埋怨他們的現實主義，
埋怨自己在他們身上曾付出的被遺忘。

我回想這個過程，
當時，

我在電話中說：
某某某我想跟你借一萬元，
你方便嗎？
對方說：
你要做什麼？
我說：要過年了，我身上沒錢過年。
得到的回應幾乎是：
要過年了，我也需要用到錢，
我沒有多餘的錢能借你不好意思。
其實，這是我編的理由。
我不敢讓對方知道，
我想去台北看看我的朋友，
因為在意他們的想法，
喔！原來你跟我借這一萬元，
是要去追女朋友。
我覺得這個真實的說詞，
太沒有說服力了。

經過三次的挫敗，
我幾乎要放棄了，
愛面子的我，
不想再有被拒絕的感受，
覺得丟臉覺得自己沒價值，
後來，我問自己，

我還想去台北嗎？
答案是肯定的。
所以我再次鼓起勇氣，
跟一位朋友說：
方不方便借我一萬元嗎？
朋友問了我同樣的問題：你要做什麼？
這次我堅定直白的告訴他：
我有一位朋友他心情不好，
我想去台北看看他，
他回說：他是你女朋友嗎？
我說：不是。
朋友接著說：那你瘋了嗎？
她值得你這麼做嗎？
我明白朋友之所以會這麼回應，
是因為他知道我的狀況，
我當時生活已經很困頓了，
借錢沒問題，
但錢應該要運用在自己身上。
我說：
這是我想做的，你願意幫助我嗎？
朋友答應了，
我也因為這一萬元可以來到台北，
跟薇拉也有了更進一步的認識。

至今我仍然很感謝這個朋友。

禪卡引導：

最近很多事等著你去處理嗎？
這一刻你已經很疲累了是嗎？
你想的特別多是嗎？
為自己的真心去行動，
或尋求別人協助你，
貴人都在你身邊！

後記：

行動就對了，
就算不如預期，
至少你盡全力了！

(28)

引導

牌義：

遵循你內心的想法，
會有不同的體驗發生，
揮別過去的模式，
讓心帶領著你往前邁進。

在壽險業從事業務工作七年，
記得剛開始的時候，
我的前老闆很支持我，
一家大小都跟我買了很多保單。
但我常在半夜一兩點睡著時，
接到他的來電，
他說他現在人在酒店唱歌，
心情很不好，
希望我能去陪他。
我委婉的說已經很晚了，
明天我還要上班，
改天再陪你好嗎？
他說：

如果你沒來，那保單我要退掉了。
每一次聽到這裡，
我總是勉為其難心不甘情不願的出發。

這樣的模式一次又一次，
我開始覺得業務不是人幹的，
心好累，好想放棄了。
有一天，半夜我還是接到這個電話，
這次我不想再跟過去一樣了，
當我再次聽到：
如果你沒來，那我保單要退掉了。
我回他說：
如果這是你的決定，
我會尊重你。
電話那頭的客戶：
反而不知如何接話。

其實我很清楚，
他並不是真的想威脅我，
而是為了達到他希望我出現，
說了讓我為難的話。
我也很明白自己，
因為不想得罪客戶，
不想讓客戶不開心，

想繼續維持良好關係，
才有下一張保單，
做了一些違背自己內心的事。

禪卡引導：

同樣的問題一直存在是嗎？
同樣的模式一直困擾你嗎？
你想離開目前的工作嗎？
別讓自己一直處在停滯狀態，
有想法就去嘗試看看吧！

後記：

快樂不快樂，
取決於自己的心。

(29)

叛逆者

牌義：

沒有人可以綑綁你，
除非你給予對方綑綁你的機會，
太多的顧慮，
會讓自己受限不自由，
拋下自己的枷鎖，
才能讓真正的自己誕生。

對於威權，
我有一個很巨大的心魔，
在威權面前，
不敢表達自己真實的感受。
這些年透過課程和讀書會，
認識了王慶玲老師，
緣份讓我們的關係，
像家人也像朋友知己般的可貴。
不曾想過我們的關係，
會有崩壞分離的一刻，
然而，

就在某一年所發生的事件，
讓我想切斷我跟慶玲老師的關係，
我把自己封閉起來，
我把老師對我的提點當作苛責，
我把老師對我的箴言當成批評。

從那一刻開始，
我陷入了無知覺的狀態裡，
體會到的都是老師對我的挑剔，
我陷入了無底洞的深淵，
對於慶玲老師當時提的問題，
我不願面對自己當下的見解，
也害怕自己的回答是笨拙的，
反正老師永遠是對的我是錯的，
這樣的心結，
讓我以為不回應就是最好的方式，
然而越想讓自己冷靜，
心卻隨著時間的流逝越加慌亂，
腦海裡的念頭是想直接離開，
切斷所有有關這一切的生活圈。

沉寂了兩天，
我知道我沒了靈魂也沒了愛，
離開與躲避似乎是，

我一直以來的舊模式，
慌亂的我不知該怎麼繼續？
可是內心有一瞬間，
一個念頭閃過，
我問自己什麼才是我真心想要的結果？

這些年我用相同的模式對待，
我錯過了許多的愛與真相，
我以為只要我離開，
就是對對方最好的方式，
我以為把心裡話說出來，
就是在為自己辯解，
我以為我只要沈默就不會有衝突，
我以為在權威面前聽話照做就是符合人性標準的……

許多的自以為，
讓我把愛推開，
把關係變有距離了
也把緣分也變淺了。
謝謝老師的愛，
透過這件事情的發生，
讓我明白自己，
在權威面前，
我因為不敢表達自己和對方的立場不同，

而產生了更多的問題。

禪卡引導：

你是注重儀式感的人嗎？
在關係面前你都配合別人嗎？
你很有自己的風格你知道嗎？
其實沒有你的允許，
沒有人可以綑綁你限制你，
大方的展現真實的自己吧！

後記：

活出自己！

(30)

旅行

牌義：

目標就在前方，
不需要擔心有沒有人能理解，
更不需要害怕所做的決定是錯誤的，跨出那一步，
享受當下的過程。
透過這段旅程，你將會更了解自己。

2014 年快到年底時，
慶玲老師開了一堂形塑課程，
不是不明白自己內心的渴望，
面對這堂課的一份渴求，
我是多麼想擁有，
但我不確定上完課之後，
我的人生會不會翻轉，
更何況當時的我生活都有困難了，
還需要借錢去上課嗎？
我為自己創造了一個假象，
讓自己被限制住。

在完成報名前幾天，
我反覆的問自己，
難道我就這樣隨波逐流，
放任自己內心想望而對它裝聾作啞嗎？
靜下心來，
不禁覺得自己好渺小，
渺小到被金錢所障礙了，
開始質疑自己的決定，
開始批判自己的價值觀，
一陣混亂之際，
我告訴自己，先好好活在當下，
把今天預約的塔羅個案先完成，
再尋找方法。

透過塔羅個案的對話，
彷彿在提點自己，
要為自己真心渴望的去努力，
這是自己與自己的對話，
結束後，
開始尋找貴人，
了解是自己的個性使然，
明白是老天爺給的考驗，
一次又一次的透過電話與訊息，
表達我的需要，

感謝一位朋友的信任與支持，
什麼話也沒多說、多問，
直接打給我，
並還告訴我，這筆錢你先拿去，
希望我別想太多！
我真的很感謝她。

或許有人會好奇，
面對一堂課，
需要如此借錢去上嗎？
應該先去找份工作，照顧好自己吧！
但說真的，
我當時真的無法照顧好自己。
我只能說，
我這一路走來，
是多麼艱辛，
面對朋友留下的債務，
我很挫折，也很無助，
一度想放棄生命的我，
在遇見慶玲老師後，
對生命有了一絲絲轉機，
這是沒有經歷過的人，
應該體會不到的，
它卻如實深刻的發生在我生命裡，

我也因為報名了這堂課，
認識了現在的伴侶～薇拉。

禪卡引導：

你很容易半途而廢嗎？
你總是做好萬全準備才行動嗎？
你想掌控一切嗎？
拋開結果的好壞，
去累積你人生的經驗吧！

後記：

此刻的你，
想做什麼呢？
想休息就好好休息吧！

(31)

比較

牌義：

活出自己真實的樣子，
不需要成為別人，
在比較中所帶來的競爭，
不是自卑感就是優越感，
當你不與他人比較時，
你將成為自己想要成為的樣子。

我永遠不會忘記，
第一天在台北頂好名店城駐點時的發生，
整個二樓有好幾間算塔羅的小空間，
上班前心情是興奮雀躍的，
上班後不到十分鐘，
我看到對面老師的海報，
哇！上過電視好厲害啊，
隔壁老師除了塔羅之外，
還會靈氣，紫微斗數……
那一刻看到自己的不足，
不到五分鐘，

有一個客人進來了，
算完十五分鐘付完錢後，
我送對方出門，
他馬上去對面給其他的老師算，
當下我很挫折，
也開始批評質疑自己的專業，
後來我為自己抽了一張牌，
就是這張「比較」。
翻開牌的那一刻，
我就笑了。

我知道自己，
在客人還沒進來前，
就對自己產生了懷疑，
別的老師上過電視，我沒有，
別的老師會的這麼多，
我只會奧修禪卡，
覺得自己學的不夠多，
所以當客人進來開始占卜時，
我在解牌的過程，
發現他眉頭深鎖，
我加深了我對自己懷疑，
明明要說的話，
卻說成反話，

他當然沒收穫。

找到答案後，
真的不到十分鐘，
第二個客人進來了，
我放下得失競爭的心，
專注的解牌，
十五分鐘結束後，
對方回饋我說：
老師您講的很棒，
對我很有幫助，
我身上還有 100 元，
我想多聽你說五分鐘可以嗎？
我說：當然可以。

透過這個發生，
我提醒自己，
未來無論遇到誰，
我都要信任牌卡帶給我的訊息，
並全然的相信自己的專業，
真實的說出牌卡給予對方的建議！

禪卡引導：

你很容易受別人的影響嗎？

你常羨慕別人擁有的嗎？
你有一直扮演對方喜歡的樣子嗎？
發掘自己的特色，
肯定你的良善熱忱與愛，
不需要用物質來評價自己！

後記：

同樣的發生，
不同的是，
你的狀態，
產生不同的結果。

(32)

意識

牌義：

所有的考驗都是讓自己專注在自己身上，
意識等於是心，
當一切回歸自己時，
沒有任何事可以阻擋你，
這是一個寧靜專注的時刻！

你要成為誰，
不會因為一次的考驗就結束了，
老天爺總會透過一次又一次的考驗，
讓你學會該學會的。

在頂好名店城只要週二週六有班，
其他的時間，
我在住家附近的咖啡廳駐點，
我很感謝當時的店長，
給予我這個機會精進自己的專業。

半年後，
有一天跟伴侶用完晚餐後，

我回到咖啡廳，
我收到薇拉傳來的訊息，
請我下班後去對面的有機超商買一瓶初鹿鮮奶，
我進去後，
看到小 S 和她的大姐跟老闆說話，
看到大明星我其實內心是激動的，
但我保持鎮定，
他們說完後，
正準備離開，
我直接跟老闆說：
老闆我要一瓶初鹿牛奶，
他們姐妹倆同時停下腳步說：
怎麼這麼巧，
才剛跟老闆交代完就有人買了。
當下我不清楚來龍去脈，
我轉過頭跟他們點了頭說：
小 S 你好，
我是塔羅大師孤帆，
她當下的反應是：
什麼啊？什麼大師啊？
我再重複一次：塔羅大師，
她接著說：那你有名片嗎？
我說有啊！就在對面的咖啡廳，

妳要過來聊聊嗎？
我順便拿名片給妳。

她坐下來後想算塔羅，
一開始我嚇死了，
我以為她拿個名片就結束了，
我心想她認識的心靈老師，
有知名度的、專業的，厲害的，不勝枚舉，
我算哪根蔥我可以嗎？我準備好了嗎？
這樣的心境，
也讓我再次想起第一天在頂好名店城的經驗，
我再次提醒自己，
說我真心想說的，
不討好對方，不懷疑自己。
占卜結束後她回饋我說：
我覺得你不像算命的老師，
比較像心靈老師，
而且你說的話有幫助到我。
我說：謝謝妳。

結束後我問她可以拍照嗎？
我可以把今天的遇見放在臉書嗎？
她很大方的說當然可以！
我非常感謝這個緣份和發生，

讓我更堅定自己的立場，
不受外在影響自己的本質。

禪卡引導：

你想成為什麼樣的自己呢？
你有很多的不確定是嗎？
外在有所許多的考驗，
請把焦點放在自己身上，
無愧於心是最美麗的。

後記：

這一刻好好擁抱自己吧！

(33)

封閉

牌義：

心如果封閉了，
久了是看不見五官的，
沒有喜怒哀樂。
唯有打開心門，
才能讓自己更貼近自己。

2012 年的年底，
我跑路離開了家鄉來到花蓮，
第一次在異鄉過農曆新年，
孤單茫然自責的心情，
時不時就來拜訪我。

記得除夕夜的晚上，
我告訴自己，
不能一直待在五坪大的套房，
我試著想調整自己的狀態，
不要一直埋怨，
想出去看看走走，

轉移自己的注意力，
於是我來到了一間卡拉 OK，
喜歡唱歌的我，
想藉由唱歌來釋放自己，
我能感受到周圍的人帶著歡樂，
我卻跟他們格格不入，
最後喝了兩杯調酒唱了幾首歌，
我離開了那間店走到樓下後，
我看到了一攤賣滷味的，
飢腸轆轆的我，
點了幾樣我愛吃的，
就在一旁等待的時候，
我看到旁邊有二三位小孩在玩耍，
我被他們的笑聲吸引，
我突然發現，
有一個孩子的身材髮型特別像我兒子，
包含他說話的語調，
那一刻我思念孩子的心，
透過眼淚不停的流下來，
我為了避免自己的行為被看見，
快速的擦掉眼淚，
付了錢拿了滷味，

回到了五坪大的房間。
我無法控制的
開始嚎啕大哭，
壓抑許久的情緒在那一刻整個宣洩。

我知道我很想念家人，
但我拼了命的不停地說服自己，
只有斷了思念，
你才不會有掛礙，
而且，
你也沒有資格想念他們，
你闖了這麼大的禍，
你的出現對他們來說就是個災難。
老天爺在我即將適應的時候，
狠狠的透過這個發生敲擊我的真心！

禪卡引導：

你有刻意想忘記某些事嗎？
你有覺得離真實的自己越來越遠嗎？
你是不是已經快麻木了？
別讓自己一直處在混亂的狀態，
面對是解決問題的關鍵！

後記：

越刻意想逃避的，

終究還是會在某一刻觸動你的心！

(34)

整合

牌義：

接納自己的全部，
所有正面、負面的都允許它的存在，
人一旦不再執著只有呈現好的一面，
也開始包容自己仍有進步的空間，
所有的狀態，都只是過程，
無須太早定義它。

來台北生活兩年後，
有一次回到屏東，
在跟媽媽話家常時，
媽媽說那天中元普渡拜拜時，
看到了我堂弟，
他脖子上戴著一條好粗的金項鍊，
我聽到後，
立刻解讀成堂弟很有賺錢的能力，
而我還在為日常的生活煩惱，
這樣的對談我並不陌生。
在我小學的時候，

媽媽也曾說過，
跟我同村莊的同學，
家裡雖然環境不好，
但他考試很優秀很懂事，
每次聽到這些，
我內心總會升起我不如人的念頭，
我再怎麼努力，
也達不到媽媽想要的，
當我有這樣的想法時，
我接下來的模式不會變得更積極，
反而更沒有動力去改變自己。

這天我再次聽到媽媽說堂弟的事，
我鼓起勇氣問了媽媽，
我隱藏多年想問媽媽的話，
我說：
媽我想問您，
您還記得小時候的某某同學嗎？
在我小時候您總是誇讚他很棒很優秀，
現在您也誇讚我的堂弟，
我想知道您所要表達的是什麼意思？
媽媽直白的說：我沒有任何意思，
我只是想把我看到的跟你分享而已，
我接著說：

媽其實我是很玻璃心的人，
每一次當我聽到這些話時，
我都覺得自己好沒用好差勁，
可不可以以後就別再跟我說這些了，
媽媽說好。

之後媽媽確實很少說了，
過了很長一段時間，
有一天我還是聽到了類似的事情，
畢竟媽媽還是會有他的慣性，
我知道他不是故意的，
但那一刻我突然發現，
我並沒有像之前那樣有反彈了，
我思考著，
為什麼我沒像以前那樣有反應了呢？
原來是我已經學會接納了自己，
接納自己原來是玻璃心的，
以前我不願意承認自己的玻璃心，
總認為我就是要強大，
不能脆弱，不能沮喪，
在承認自己的真實之後，
我更有容量接納自己的一切！

禪卡引導：

你是不是不允許自己脆弱？
你都把光鮮亮麗的一面給別人看嗎？
你是如何看待自己的黑暗面的呢？
我們都不是完美的人，
給自己一些時間整理自己，
不需要急著審判自己！
允許自己多接納自己！

後記：

你需要的是鼓勵還是刺激呢？
其實分別心是自己創造的！

(35)

傻瓜

牌義：

信任專注自己渴望的，
不害怕結果，
不擔心會不會受傷，
全然的專注在真心渴望裡。

2018 年三月成立了天使與狼塔羅心靈空間後，
八月底我接到了房東的電話，
他說：陳先生我房子已經賣掉了，
新的屋主想自住，
能否請我們搬家？
這在簽約前，
我們就知道房東一直在處理他的房子，
雖不意外但也來的太快。

我開始跟薇拉著手找下一間適合我們的工作室，
看了很多間，
不是地點不方便，
就是裝潢還需要一筆不少的費用，

透過好友的分享，
我們來到了現在這個空間，
聯絡了仲介，看了裡面的格局，
彼此都非常喜愛。

過了兩天，
我問了薇拉的想法，
她說：我覺得租金太高了再看看吧！
我很確定我是非常喜愛的，
但薇拉還沒做決定，
我也害怕這個物件被租走，
當下的我也不知道該怎麼辦？
當天在我糾結的時候，
我接到了媽媽打來的電話，
她察覺到我的不對勁，
問我怎麼了？
我邊說邊哽咽：
我說媽我不知道我要做什麼決定，
工作室找到了，
但租金跟之前相比多了一萬多元，
感覺薇拉也沒有意願和我一起承租，
媽媽說：
如果你擔心的只是房租的問題，
媽媽願意投資你，

如果你真的負擔不起，
我願意幫你負擔一半，
還有，
你在我心裡，
你賺錢的能力不會因為多了這兩萬元，
而被打敗的！
媽媽的一番話，
讓我頓時發現，
原來我被自己的恐懼吞噬了我的渴望，
我應該把焦點放在我渴望的，
我不再等待薇拉的決定，
我為自己做了真心的決定，
同時，也告訴薇拉，
我已經決定要租了，
如果妳已經決定不想和我一起創辦心靈空間了，
我也會支持你，
就這樣我們搬到了現在的工作室！

禪卡引導：

你常瞻前顧後嗎？
你是享受過程還是只在乎結果呢？
沒有十足的把握你是不是不敢跨出那一步？

放大你的渴望，
別被恐懼吞噬了你的真心！
遺憾累積久了人生會很無趣的！

後記：

你的信念就是你的力量。

(36)

了解

牌義：

籠子等於是自我設限，
想讓對方了解你的疑惑，
就勇敢的告訴對方，
過多的猜忌就失真了。

在伴侶關係上，
我常有一個模式，
很容易為對方下了一個定論，
認為她的想法應該就是我想的那樣，
其實，
很多時候並不是我想的這樣。

薇拉如果有出差或旅遊時，
我都會表達我的需求，
我說：
親愛的可以請妳幫我買一條香菸嗎？
她說：沒有辦法。
我說：好沒關係。

這時候我都會認為，
妳對妳的家人朋友都比較好，
他們請妳幫忙購買的商品，
妳都會答應，
我一個小小的要求，
妳都嫌麻煩，
還是妳怕我不會付錢給妳？
這些猜忌一直存在我心。
但只要薇拉出國，
我依然還是會表達我的需要，
得到的回應一樣還是沒有辦法。

就這樣經過了兩三次，
有一天我忍不住問了她，
我說：親愛的我想問妳，
妳不想幫我買香菸是因為怕我不付錢，
還是嫌麻煩呢？
她的回應出乎我想像，
她說：我已經不贊成抽菸了，
我不想當那個加害者，
再說我也不是針對你，
我弟請我買香菸，
我也沒幫他買過。

還原了真相，
我不再困在自己的牢籠中，
也不再覺得對方不重視你！

禪卡引導：

你內心存著許多疑惑是嗎？
你有想告白的人嗎？
你有一直在等待對方的回應嗎？
如果對方模糊焦點或答非所問，
你可以正視自己的感覺，
再問對方一次！

後記：

所有的誤解，
都是從自我猜忌開始的。

(37)

壓抑

牌義：

心裡有千千結，
種種的顧慮，
讓旁人看不清楚自己真實的樣子，
面對一切，
才會撥雲見日，
才會有不同的互動。

在我還沒有工作室之前，
客人預約我都會借用薇拉的辦公室，
我會碰到客人遲到的時候，
一開始，
我不敢說出來，
怕對方不開心以後萬一不來了，
我會少一份收入，
也不敢透過訊息問對方，
你到哪裡了？
因為不想給對方有壓力，
這樣的互動模式，持續發生著。

有一天，
我問自己為什麼這麼害怕？
因為我不想讓人討厭我。
我問自己如果我現在沒說出來，
有一天，
客人的遲到影響了下一個客人，
到那時候我再說，
他是不是也會覺得，
孤帆老師變了，
以前我遲到他都不會說什麼，
現在生意變好了，人也跩了，
與其我要到最後才說，
我為什麼不要一開始就說呢？

當這位客人，
第三次遲到時，
我跟他說：
你跟我的時間都很寶貴，
可以的話，盡量不要遲到，
如果真的會遲到，
你可以先讓我知道大概會晚幾分鐘，
我好安排其他的事情。
對方明白後，
我們的關係依然良好。

後來，
我發現我真正在意的不是遲到不遲到，
我在意的是對方遲到，
但並沒有發個訊息讓我知道，
我在這裡空等，
我覺得不被重視。

透過這個發生，
讓我學習到，
要讓對方重視自己，
我也一定要先尊重自己！

禪卡引導：

你是不是一直在忍耐？
你的情緒已經快承受不住了是嗎？
你有覺得不被尊重嗎？
每個人的觀點都不同，
多表達自己的人生態度，
才不會被綑綁限制！

後記：

說出來的感覺真好。

(38)

時機成熟

牌義：

一切都具備了，
不需要太多的質疑，
更不需要再花時間去等待，
現在就是做決定的時刻！

有一年我在純粹心靈空間，
辦了一場講座，
我記得在我準備講座的資料時，
透過文字的整理，
我的心充滿了許多的感觸，
就在一切就緒之後，
我想到前幾天與乃文姐的談話中，
她問了我一些話：
除了簡單的詢問，
講座準備好了沒之外，
我也分享了當天朋友來算塔羅時，
我一路以來的生命歷程，
也鼓勵他們去上慶玲老師的課程，

乃文姐除了感謝我的分享之外，
並問我說：
那你有沒有邀請他們參加你的講座？
我說沒有。
乃文姐接著說為什麼沒有？
一時之間我不知該如何回答。

然而，
這二天這些話還在我心激盪著，
我問自己，
是啊，
我可以跟任何人無私的分享慶玲老師的課程，
我可以真實的分享我在純粹空間所經驗到的，
我可以坦然的分享我去過的美好景點，
所有吃過好吃美味的食物。
那為什麼我無法做出邀請或分享我的講座呢？
原來我心中有一部份是來自於自我的懷疑，
我完美的情結造成了，
我害怕自己當天所表現的無法盡善盡美，
還有一部份是我不敢承擔這份責任，
怕邀請了朋友來，
如果他沒收穫我會過意不去，
一切的一切都是覺得自己還不夠好。

當清楚了自己所障礙自己的心魔時，
我想起慶玲老師的教導，
做你可以努力的吧！
全然的去體驗付出吧！
這些話不斷的在我心發酵著，
我開始透過臉書，
透過訊息分享我的講座，
我知道，
我也許無法讓任何人滿意，
但我必需要為自己的講座負責，
盡心盡力全力以赴。

禪卡引導：

你在追求盡善盡美嗎？
你有想離職嗎？
關於收入有符合你的標準嗎？
其實，
你值得擁有更豐盛的自己，
你覺得呢？

後記：

這一刻就是最美好的。

(39)

蛻變

牌義：

讓過往沈睡已久的感知甦醒，
這一刻該揮別過去舊有模式，
重新綻放新的自己。

每個人應該都會被過去不完美的發生影響，
由於第一次租工作室的經驗不愉快，
在面臨準備搬遷，
跟房東簽約前一晚，
我想跟房東討論房租還有內部裝潢的問題，
我思考著該不該說，
該怎麼說才會不傷和氣，
後來我決定為自己的真心去努力。

隔天透過房仲見了面，
我跟房東姐姐說：
租金可以算便宜一點嗎，
因為我們要安裝冷氣，
如果可以我們之後搬走，

冷氣我們會留下來。
工作室沒有窗簾，
客廳沒有放飲水機和清洗杯子的洗手台，
我們不會開伙，
方便幫我們安裝窗簾和一台廚房收納櫃嗎？
房東姐姐說：
租金就算整數好了，
至於冷氣我來安裝，
窗簾和廚房收納櫃，
我會請人跟你約時間，
你再挑選你喜歡的窗簾顏色款式吧！
那天，我們有了相當愉快的互動。

我發現，
過往在當房客時，
總是扮演著討好房東的角色，
深怕租約到期房東漲價，
更擔憂萬一被房東討厭，
租約到期後不再續約，
很多的感受想法都不敢直接說出來，
這樣的關係，變得越來越不真實。

透過以往不完美的發生，
也讓我重新調整自己，

不討好、不迎合，
說出自己的想法，
進而遇見非常體諒理解我們的房東。
感謝所有發生，
感謝這一切。

禪卡引導：

你有想離開一段關係嗎？
你有常漠視自己的感受嗎？
對於現況你是不是不想重蹈覆轍了？
離開一段關係不難，
最難的是，
我們都用同樣的模式進入一段關係，
犧牲自己、配合別人，
最終就會少了自己！

後記：

放鬆自如的展現自己吧！

(40)

慶祝

牌義：

不害怕表達自己的感受後，
會帶來什麼影響或結果，
就算有風有雨，
也讓自己安然的投入在當下！

這幾年來，
透過心靈塔羅占卜遇見了許多人，
各式各樣的問題也都遇過。

記得印象最深刻的一場遇見，
2018 年 10 月搬遷到現在的空間後，
我和薇拉有辦心靈塔羅體驗，
每個人限問一個問題，
這個目的無非就是想讓更多朋友，
認識新的天使與狼塔羅心靈空間，
那天一位新客人預約了，
我問他想問什麼問題呢？
他說：我想問我今年會不會中樂透？

我問了他：那你有買樂透的習慣嗎？
他說：有，一個禮拜會買好幾天，
當下，我請他抽一張牌，
他抽到了這張慶祝。

我說這張牌的意思是：
提醒你不要太在意結果，
如果你今天特別有感覺想去買，
那就去買吧！別想太多。
接著我問了他一個問題：
為什麼你會這麼在意有沒有中樂透呢？
他說：因為我大學剛畢業，
還沒有去找工作，
這段時間爸媽一天給我 500 元吃飯，
我有時候一天花 100 元買樂透，
我覺得好像很不應該很浪費錢。
我說：爸媽一天給你 500 元，
這是他們對你無條件的愛，
你接受了這 500 元，
並不需要有罪惡感，
你就是這 500 元的使用者，
你可以選擇吃大餐，
你也可以選擇吃泡麵或小吃，
當然你也可以選擇一部份去休閒，

這是你可以做主的事。
他聽完後，
心情輕鬆的感謝這次的相遇！

禪卡引導：

你有常活在當下嗎？
這一刻你有完全享受嗎？
你會不會擔心說出自己的想法，
外在會發生什麼變化？
其實你的擔心都是多餘的，
因為就是有人願意體諒你！

後記：

大方的接納旁人給你的恩典，
享受它，擁抱它，珍惜它！

(41)

內在的聲音

牌義：

太過在意和諧，
而忽略了自己想表達的真性情，
唯有，放下戴面具時的自己，
才能讓對方清楚知道你的想法。

2015 年剛上來台北三個月左右，
我收到了法院的通知要出庭，
是關於債務的問題，
我一直處於一種低落的狀態中，
也不斷找尋往前的力量，
我在這混亂的狀態裡，
我以為我找到了，
最後才發現，
我只是在說服自己一切都會沒事的。

覺得自己搞砸了一切，
對於過往所犯下的錯誤，
還深深的自責著，
兩天後，

我面對內疚中的自己，
不停的尋問自己，
才體悟到，
這些經歷它只是一個發生，
但並不代表我一輩子，
瞬間我的包袱減少了許多。

這中間，
接到了媽媽的電話，
除了關心我何時回家之外，
也大約描述了，
這陣子家裡所發生的事，
我的二弟，
跟他吵著要分家產的事，
當下，
媽媽簡短的訴說著，
我在電話那頭，
只告訴他，我回家再說，
但，心卻極端的不舒服，
覺得，
我要面對官司的問題，
已經夠讓我煩惱了，
你不關心我，
還擔心著二弟，

分別的心，
在當下油然而生。

隔天準備要搭車回家時，
我在等待統聯客運的同時，
眼淚不聽使喚的流下來，
我知道，我受夠了，
面對這沉重的壓力，
我體會不到，
媽媽對我的重視和關心，
我也感受不到，
異鄉遊子對於回家是開心期待的心情，
只有沉重，
只想逃避，
更想放棄。

然而，
我還是願意去經歷這一切，
那怕當下我無法做任何改變，
我與這不舒服的感覺在一起，
上車前，
我打了通電話給薇拉，
我哽咽著說不出任何話許久許久，
不知過了多久，
我才把我心裡的不安與恐懼，

真實的表達出來，
我承認了怯懦的自己，
在看見到承認的當下，
心也漸漸平復。

而對於媽媽的分別心，
我腦海一直想著回家後，
我該用什麼樣的心情面對他，
是開朗的裝作沒事，
還是要如過往把自己封閉起來，
想著想著突然，
看見原來我對於母親的分別心，
已經不諒解很久了。

那時候我不諒解母親，
對我的事不聞不問，
袖手旁觀，
我記得還透過訊息，
寫了一封信給慶玲老師，
當時的我想尋求老師對我的認同，
慶玲老師卻回我一句：
去抱抱那辛苦的女人(媽媽)吧！

當時的我很不以為然，
還在內心怪罪慶玲老師，

不懂我的心，
不了解我所受的委屈，
直到，
我上了慶玲老師療癒師的課，
才開始懂得老師所表達的話，
當下，
我明白了，
回家我只想抱著我媽媽，
或許，
我無法給予母親分擔什麼，
但，我能做的就是陪伴與支持，
因為，
我明白了原來母親的來電，
不是要我幫他解決什麼，
也不是要增加我的煩惱，
而是，媽媽也累了，
他只想找個出口，訴說他的無助。

所以我回家後，
媽媽正在廚房料理晚餐，
我叫了一聲媽後，
把手打開擁抱著他，
跟他說：媽您辛苦了，
媽媽的眼淚開始一直掉，

並哽咽著說：
不會啦，
其實你跟二弟，
都是我的孩子，我真的很愛你們。
我緊緊的抱著媽媽，
傾聽著他所說的每句話，
我說：我知道您是愛我的，
我相信您對這個家的愛是全然的，
您是我心目中最棒的媽媽，
我引以為傲的媽媽。
我身上，
遺傳著您熱心喜歡分享的基因，
還有一顆良善的心。

那一刻，
我一直認為堅強的媽媽，
竟像孩子一樣，
泣不成聲，
我突然感悟，
媽媽內心所受的傷與苦，
是我無法了解的，
但我能深刻的感受到，
媽媽對家庭的付出是無私無悔的。

我非常感謝王慶玲老師，

所帶給我的生命教導，
真實的勇於去經驗這一切，
我的不安與恐懼，
還有分別心，
在認出愛看見真相後，
立刻瓦解。
合十感恩，
所有發生的一切！

禪卡引導：

你有不想承認自己的狀態嗎？
你有戴著面具說話嗎？
你有常說算了嗎？
明明你是在意的，
不需要放過自己的感受，
踏實的活著，
你會感受到一份對自己的愛！

後記：

別怕尷尬或怕被拒絕，
想擁抱爸媽伴侶或小孩，
就去擁抱他們吧！

(42)

寧靜

牌義：

專注在自己身上，
而不是專注在別人身上，
當你把焦點放回自己時，
你將不再受到影響。

有許多朋友羨慕我和薇拉的生活模式，
一起經營天使與狼塔羅心靈空間，
同進同出一起生活，
有相同的目標和興趣，
卻不知他們看到的只是一個面向，
我跟薇拉還是會有水深火熱的時候。

這十年來，
我們有好幾次走不下去，
最嚴重的是在 2023 年的最後一季，
我們爆發了二次嚴重的衝突，
第一次是九月薇拉生日，
生日前我請他吃個飯，

生日當天我帶她去貓空遊玩，
一切都是這麼美好，
下午四點多，
我收到了朋友傳來的訊息，
關於晚上聚會的活動，
我跟薇拉說後，她沒任何表示，
我以為她接受了我晚上去跟朋友聚會，
從貓空下山後，
她提議一起吃晚餐，
我也以為只是簡單的吃個便飯，
我說好，
最後她說去吃牛排，
我當下覺得薇拉在刁難我，
牛排大餐吃完也需要一個多小時，
會影響我跟朋友的聚會，
我認為她是故意的，
那一餐吃的非常的不愉快，
最後我取消了朋友的聚會，
我們各自回家。

回到家之後，
薇拉帶著眼淚說：
以後請我不必為她慶生了，
每次生日她都不愉快，

我說：有每一次嗎？
我們開始在爭辯論計較，
我說：
如果妳今天下午聽到我有聚會，
我問了妳，
妳可以大方的跟我說：
親愛的今天是我生日，我希望你陪我。
我絕對會滿足妳。
可是薇拉的心思是：
今天是我生日，不用我說，
孤帆應該會把時間留下來陪我吧！

我覺得我委屈，
我認為我做的已經很多了，
為什麼還是會被數落，
心灰意冷的我，
再次回到舊有的模式，
既然我的出現都讓妳難過傷心，
我還是離開好了。
於是那天，
我自己帶著衣服回到工作室睡，
隔天我開療癒心塔羅課程，
在課程中，
我分享了昨天發生的一切，

我的學生也是我和薇拉的共同好友說：
大師，分手這個決定是我的真心嗎？
我眼淚流了下來，
我堅定的說：當然不是。
課程結束後，
我看到了薇拉在她的座位上，
我走過去直接給她一個擁抱。
我們和好了。
謝謝好朋友的提點，
讓我看到了自己的盲點！

禪卡引導：

你很慌亂嗎？
你有想出去曬曬太陽嗎？
你有很糾結的決定嗎？
問自己什麼才是你真正想要的？
決定權在自己身上！

後記：

模糊焦點，會失去方向的！

(43)

開花

牌義：

生命有很多的機會來到我們面前，
敞開心去分享，
你會獲得更多的經驗是在你的生命中。

你相信恩典嗎？
你相信會有奇蹟出現嗎？
這次的經驗值打破了我根深蒂固的想法。
2013 年的五月四日下午兩點，
是慶玲老師相信愛情相信自己的簽書會，
當時我人在花蓮，
我決定去參加這場簽書會，
我以為 10 點多出發就可以到達台北，
去到花蓮車站後，
才知道那天因為假日，
車票已經完售了，
帶著遺憾的心情準備去買個便當回到我的窩，
一路上我安慰自己，
也許這是老天的安排吧！

邊走邊想，我要這樣就放棄了嗎？
還是有其他的方法是我不知道的呢？
如果搭計程車去台北費用大概是多少呢？
這些疑惑在我腦海裡，
我一如往常去到了我喜歡的便當店，
我特別喜歡他們的排骨雞腿便當，
但每次我都感覺這間店的老闆或員工，
跟客人之間沒有更多熱絡的互動，
我每次買完便當還是會禮貌的說聲謝謝，
那天買了便當後，
我問了其中一位店員，
我說：如果要去台北除了搭火車還有其他的方法嗎？
因為我買不到車票，
如果搭計程車您們知道大概需要多少費用呢？
她停下她手邊的工作，
跟我說還可以選擇搭飛機，
只是班次比較少不確定幾點的，
我幫你問看看好了，
她撥打室內電話去機場詢問後，
告訴我一點多有一班飛機，
我非常感謝她，
也很訝異她對我熱心的協助，
跟我過去經驗的不一樣。

於是我搭上飛機來到了台北，
雖然到達簽書會晚了些，
不過這次的發生，
讓我感受到，
生命中處處都有恩典奇蹟，
只是我們有沒有去創造它！

禪卡引導：

你有常覺得別人對你的付出理所當然嗎？
你有想跟同事一起吃飯嗎？
你有想參加有趣的活動嗎？
多表達感謝，
說出你的渴望，
會有出乎你預料不到的恩典發生！

後記：

太早放棄，
也失去了發現恩典的機會！

(44)

耐心

牌義：

沒有最好的時機，
沒有最完美的方式，
月有陰晴圓缺，
在等待的過程中，
敞開心去表達。

我一直認為，
我只要功成名就賺很多錢，
我的父母就不會嫌棄我能接受我。
在我十七歲的時候，
讀了兩間高中被退學了二次，
回到家後無所事事，
每天跟我的男性好友一起生活，
他跟我有相同的經歷，
跟家人關係不好也沒就學了，
他住在我家。

有一天我的父親看不過去了，
對我發了脾氣，

我當下跟我朋友收拾好行李，
寄居在另一位朋友家的農舍檳榔園，
我們無法久住，
也沒有多餘的金錢讓我們揮霍，
於是看了報紙，開始找工作找地方，
看到一則應徵船員的廣告，
內容大致上是：
出港前可以先借貸一二十萬，
不需要任何經驗。
於是我們選擇了去跑船。
第一次沒有跑船的經驗，
我們選擇跑近洋三個月的，
地點在北海道附近捕捉秋刀魚。

出港前的一個月，
我們在船上整理前置作業，
記得是八月九日出港，
八月八日父親節，
我拿了船東先給我的五萬元，
買了自己船上必用的日常用品後，
用剩餘的錢買了一個金戒指給爸爸，
我回到家，
爸爸知道我要去跑船，
一直勸我不要去，

他說在船上會發生什麼事都不曉得，太危險了，
我說：我已經跟船東簽約了，
也拿了船東的錢。
爸爸說：不要去，這筆錢他會賠償。
家裡環境並不是很優渥，
我不想再造成父母的負擔困擾，
我還是決定去跑船。
爸爸掉下了眼淚，
叮嚀我要注意安全，
這是我第一次看到爸爸掉眼淚，
我很錯愕也很不捨，
錯愕的是我以為我對他來說，
是可有可無甚至是多餘的，
身為長子的我，還有兩個弟弟，
我卻是最讓他們失望的孩子，
看到了父親對我的擔憂，
讓我發現了他是愛我的，
不捨的是，
我讓我愛的家人難過操心，
而我因為之前感受不到父母的愛，
總是用跟他們唱反調的方式，
來印證自己的感受。
錯失了許多和家人相互了解的機會，

我很慚愧錯怪了愛我的家人。

其實我們難免會跟家人有衝突，
試著把心裡的感受說出來，
會讓彼此更貼近彼此。
當父母的，
他們也沒有當父母的經驗，
所以他們對我們的方式，
只能依照他們所經驗的去經驗，
我們因為設定了父母權威，
變得不敢表達自己，
尤其是在自己發生不順遂的時候，
隔閡也因此越來越大。

禪卡引導：

你有常報喜不報憂嗎？
你都在找適當的時機才說出真心話嗎？
你是不是用金錢或被肯定來堆疊自己的價值？
真正的你不需要任何條件限制自己！

後記：

做決定之前，
先問自己這是不是我的真心。

(45)

冒險

牌義：

像孩子般的信任吧！
即使面對的是未知，
只要方向明確了，
就勇敢的去經驗一切，
別因為在意結果的好壞，
忘了自己的真心！

2024 年二月份跟媽媽的關係緊繃，
我回家的次數只有二次，
一次是農曆過年前，
另一次是農曆七月中元普渡，
我以為事情經過了半年，
之前所發生的不愉快會弭平，
我和媽媽的關係會變得好一些。
我載著媽媽前往祭拜祖先，
在車上，她開始細數過往，
說我就是不聽她的話，
才會發生這些事，

我因為還積欠銀行錢，
我的保單因為法案修改，
只要保單有價值準備金的都被強制執行自動解約，
既然發生了，我坦然接受這一切，
媽媽卻有著她有待清理的過往情緒，
但我當時無法理解媽媽的心情，
當媽媽再次提起時，
我不耐煩大聲的對媽媽說：
事情都發生了，也經過這麼久了，
我到底要怎麼做，您才會滿意？
還是我把您之前幫我繳的保費還您，
這樣可以嗎？
媽媽在車上對我說：
可以不要這麼大聲嗎？我會怕，
接著哽咽的說：
其實我只是希望你有時候讓讓我，
你讓我一下就好了。
我沈默了。

回到家，
我反省自己，
我誤解了媽媽，
我以為她在意的是她繳的保費消失了，
其實是媽媽遇到這件事，

有著她過往與我不愉快的回憶，
這些經驗雖然過了很久，
但再次遇到時，
還是會浮現在媽媽腦海裡。

今年我一月初決定提早回家過年，
預計待三個禮拜，
一開始我擔心和媽媽的關係尷尬，
也擔心自己回家沒有在工作室，
只能線上占卜會流失一些客人，
後來，
我決定全然的支持自己的想法，
回家就對了。

回到家後，
我幫忙打掃整理家裡，
過程中有一些感觸，
這房子陪伴我 30 幾年了，
雖然不是豪宅，
但能讓我，
有一個安頓身心的空間，
真的很滿足很感恩。
我開始在內心感謝媽媽，
當年把爸爸留下來的身故保險金，

打造了這個家。
讓北漂的我，
每一次回到家裡，
能安心自在的享受每一刻，
同時，
也讓我想起十幾年前，
在參加慶玲老師的簽書會上，
老師寫下愛是回家這四個字。

經過這麼多年後才發現
我對於家的定義也有所改觀了。
以前，
我會認為這個家不溫暖，
我在這個家沒有存在感，
好像有我沒我都沒差，
透過慶玲老師的課程，
我一點一滴開始拼湊，
發現媽媽對我的愛一直存在著，
心也開始有了歸屬感，
與媽媽的關係也修護了許多。

這二十幾天，
我沒刻意對媽媽做什麼討好，
但我能察覺我們的關係特別緊密，

我不再反感她對我的嘮叨叮嚀，
我不再反駁她對我提出的建議，
只是默許她有她本然的個性，
懷著感恩的心情，
感謝媽媽的愛與包容。
經過這次的發生，
我跟媽媽的互動也改善了很多，
我變得更有耐心傾聽，
媽媽的嘮叨，
媽媽的抱怨，
更有空間去承接媽媽對我的情緒，
因為我知道這就是愛。

禪卡引導：

你多久沒跟家人說我愛你了？
你給予的愛是有條件的嗎？
你想離職後好好休息一個月嗎？
允許自己貼近自己的心，
會有很好的睡眠品質！

後記：

重新出發可以連結愛。

(46)

憂傷

牌義：

活出自己的一片天，
允許自己接納這一刻的自己，
可以反省，
但不批判、不責怪自己，
別以條件來定義自己。

2014 年我逃離了台北，
斷絕了所有跟台北的連結，
逃離台北後，
我的內在一直有著愧疚，
這份愧疚還帶著我什麼都做不好，
是我搞砸的我很無能，
所有否定自己的文字都加註在自己身上！
那是自虐也是一種自我放棄的階段。

以過往的處理模式是：
我才不管您們怎麼想怎麼定義我，

再來報答來您們對我的這份恩情，
但我忽視了一點，
當這一天來臨時，
這些情感，
這些人事物是否都一定還在？

我不禁回憶起在那年的過年，
我回家鄉的那一個禮拜，
就是用這個模式，
而沒有去探望爺爺和奶奶，
內在還執著我還沒光宗耀祖，
我沒錢包紅包，
我現況不好……
而失去了所有連結。
然而經過了兩個禮拜後，
傳來爺爺在加護病房插管的消息，
在探望病床的爺爺時，
他雖無法言語，
但聽到我的聲音與呼喚時，
爺爺的那股激動在我眼前歷歷在目，
聽著堂妹的訴說才明白，
爺爺在過年期間還念念不忘的說著我，
他說：他很擔心我，
好久沒見到我了，

不知道我過的好不好？
即便堂妹說著我很好也平安的話語，
他依然掛念著！

在加護病房住了兩個禮拜的爺爺，
最後離開了我們，
那時內心的自責與愧疚，
與不能原諒自己的情結在心裡一直擱置著，
處理好爺爺的後事，
這份自責更加劇烈，
我把自己完全放棄了，
我行屍走肉的呼吸著，
毫無意識的活在那可怕的無底深淵中！

直到在某一天，
我喝著酒靜下心來後，
有好多的畫面浮現出來，
想起慶玲老師對我的愛與付出，
想起曾一起共同成長的同學們，
那一刻我突然想見見他們，
想表達感謝與懺悔，
所以我出發來到了台北。

來台北那幾天我充滿了感動，
尤其是在與慶玲老師擁抱的那一刻，

眼淚是無法控制的宣洩出來，
內心的激盪是無法透過言語文字表達的，
直到那天我才深刻的明白，
如果有些話你不說，
有些事你不做，
當遺憾來臨時，
除了自責痛苦外，
還有更深的是你內心的遺憾，
不知要花多長的時間才能真正釋懷，
也許有一天我有所成就後再回來，
有些情感或許也不再緊密，
有些人只能活在你的回憶裡不再出現了，
那人生所追求的除了名利金錢以外，
還有什麼呢？
對此時此刻的我而言，
是面對自己的真心並且活在當下，
也唯有面對自己的真心，
才不會一直有遺憾，
我想這份生命的大禮物是爺爺送給我的！

禪卡引導：

你會因為愧疚而逃避嗎？

你會因為曾經犯了錯而不敢真實表達自己嗎？
別讓過去的錯誤，
成為你一輩子的枷鎖，
重新出發會有另一片風景，
等著你去享受它！

後記：

相信嗎？
就是有人願意無條件的愛你，
我相信著！

(47)

再生

牌義：

回歸到孩子自發性的單純，
當你越在意別人的眼光，
你會變得越順從盲目，
只有發自真心才是最自在的。

從事心靈塔羅占卜這幾年來，
遇過三位客人線上占卜後沒有轉帳的，
有一位是來過空間，
明明彼此相談甚歡，
結束後隔一天透過 LINE 電話線上占卜，
這樣持續了幾天累積了 3000 多元，
對方說他以為他的助理有幫他匯款，
因為客人職業的關係在金錢出入上頻繁，
可能有疏忽，
所以我又相信了一次，
最後一次客人還是請我線上占卜，
這次我說：
不好意思，

因為真的還沒收到匯款，
所以無法為你解牌。
客人禮貌的說：
老師不好意思我明天處理。

隔了兩天我傳了訊息給對方，
提醒他匯款，
他沒讀訊息電話也沒接，
這樣的發生讓我對人性再次感到挫折，
埋怨著為什麼會發生在我身上。
我覺得自己要做調整，
以後面對線上占卜的客人，
我應該請他們先匯款再接個案，
這樣就能避免發生同樣的問題，
就在要做這決定的半小時後，
我發現，
我一直相信人性本善的，
為什麼要被這三個人影響呢？
這麼多年來遇到上千位來塔羅的朋友，
我要因為這三個不好的經驗改變自己的信念嗎？
難道沒有其他方法了嗎？
想著想著終於看到自己的盲點，
原來我又再做討好對方的事，
我順著對方的做法，

不敢直接表達我的原則，
那我的原則是什麼呢？
我的原則是，
無論交情的深淺，
如果再遇到線上占卜的客人，
對方不需要事先匯款，
一樣結束後再匯款就好，
但如果他沒匯款，
我就當做日行一善，
不能像之前那樣，
第一次沒匯款還讓客人累積問第二次、
第三次，
我在過程不敢給對方壓力，
怕對方的觀感覺得我很在意錢，
所以一再的讓這個經驗重複，
是我自己允許對方的，
我該為自己的決定負責。

禪卡引導：

你都逆來順受是嗎？
你是不是覺得你要收入比另一伴高，
才能有表達自己的權利？

你不需要被限制，
能限制你的都是自己的設定，
單純的活出自己的人生。

後記：

每個發生都會讓自己重新連結自己。

(48)

雷電

牌義：

搖擺不確定的狀態，
讓目前的你感到混亂糾結，
接受自己的選擇，
面對自己的真心，
勇敢地去經驗一切。

2019 年的西洋情人節，
我和薇拉來到象山第一站買鹽燈，
因為之前剛開始成立空間時，
我們有購買的美好經驗，
這次再去尋找適合我們大教室的鹽燈，
象山第一站鹽燈專賣店，
有著人與人之間溫暖的流動，
不矯情不做作不商業，
給予我們的建議都很中肯。
我喜歡這樣的互動，
每次去到哪裡，
總會收穫滿滿開心的離開，

我們也因為這樣有了友誼。

這天選完我們要購買的鹽燈，
薇拉看到了一只紅寶戒指，
拿起來試戴後，
剛好跟她的無名指吻合，
天然的紅寶石配上薇拉白皙的肌膚，
非常搭配特別亮眼，
彷彿這只戒指就是屬於她的，
我看得出來薇拉很喜愛這只戒指，
薇拉問了價格後，
小老闆給她一個最優惠的價格，
當下薇拉沒有做決定，
我非常了解薇拉是捨不得把錢花在自己身上的人，
我身上也只有三千多元，
當下我直接問薇拉：
親愛的妳喜歡嗎？
她說：喜歡啊！
我說：妳喜歡我願意買給妳，
當做送妳的情人節禮物，
可是我沒那麼多錢，
如果可以刷你的信用卡，
我每個月再攤還給妳，
你覺得如何？

她回我說：好啊！
於是我們買了那只美麗的紅寶戒指。

以往我的模式是，
如果薇拉最後捨不得購買，
我們離開後，
我可能會跟朋友借錢來滿足她，
給她一個驚喜，
我不可能當眾說這些話，
更不可能跟另一伴提出分期付款的方式，
我會覺得很丟臉。
這次我想真實的表達我的心意，
也許當下我的能力只能分期付款，
但這也是表達愛的一種方式！

當我與客人解牌時分享這個發生，
有些客人會覺得很有趣很勇敢，
也有客人問我說：
老師您不怕別人笑您，
買禮物還要分期您不是男人嗎？
我回他說：
我本來就不是男人，
我是男人中的男人。
說完彼此都笑了。

禪卡引導：

你想大哭一場嗎？
你想大家專注聽你說話嗎？
你想回家休息不想續攤了是嗎？
健康的人際關係，
一定不會勉強你的，
但你有讓他們知道你的狀態嗎？

後記：

不拘於形式，
用你的方式去表達愛吧！

(49)

接受性

牌義：

不偽裝自己，
真實的面對自己想表達的情感，
這是敞開如實的狀態。

我想在關係上，
應該沒有人不喜歡真實的互動吧！
但面對自己的脆弱無助的窘境，
我們往往會刻意隱藏包裝。

這次的經驗，
讓我留下深刻的印象，
那天有一位新客人打電話來預約，
電話那頭說：
老師有一件事已經困擾我一個多月了，
我很焦慮也不知道該怎麼做，
我想預約塔羅占卜，
但我現在身上只有五百元，
如果超過這個金額，

我可以幫您打掃或做些什麼嗎？
我說：你要預約幾點呢？
你來了再說吧！

在等待客人上門的時候，
我問自己要收對方多少錢？
我心裡才是平衡的，
還是不收好了，
當做日行一善，
後來，
我決定收他低消 350 元。
他入座後，
我直接說：
你不要有壓力，
也不要不好意思，
今天你想問什麼問題，盡量問，
不管時間算多久，
今天我只收你 350 元。
他說老師這樣不好意思啦，
我說：沒關係這是我心甘情願的。
你別掛礙。
一個多小時結束後，
他直接拿出他身上僅有的 500 元給我，
我還給他 150 元，

他不好意思收，
我說：我們一開始就說好了，
而且我也不是每一次你提出這個要求，
我都會答應，今天是我自願的，
他不斷的道謝。

一個禮拜後，
我在工作室外面整理環境，
他走過來跟我打了招呼說：
老師您好我是上禮拜來預約，
但身上錢不夠的某某某，
突然的互動，
我一時半刻還想不起來，
經他這麼一說才有印象，
我回應他：你最近好嗎？
他說：
我現在聽您的建議，
已經回家了，
跟家人相處也跟之前不一樣了，
除了感謝我還拿出一千元要給我，
我說：你不用給我了，
事情已經過了一個禮拜，
你別再掛礙，
有時候有人願意無條件為你付出，

你就收下這份恩典吧，
因為你值得被善待。

我非常敬佩他願意開口尋求協助的勇氣，
在他身上也再次提醒自己，
需要陪伴或協助時，
要勇敢的說出來。
感謝他帶給我的生命體悟。

禪卡引導：

你會如實的說出你的為難嗎？
你真實的感受有人知道嗎？
你會覺得很少人懂你嗎？
在生活中，
你越不想記起的，
總是透過忙碌來轉移焦點，
但最奧妙的是，
心，
總能透由，
許多事物來喚起自己的內心！

後記：

你值得無條件的接受愛。

(50)

懶惰

牌義：

這是一個停滯的狀態，
當我們以為這樣就足夠時，
其實還有下一個階段等著我們去探索。

每個人都有自己的口頭禪，
我自己最常說的就是：
算了、我不知道這兩句！
久而久之，
變得不願意真實的表達自己，
話到嘴裡又吞下去，
欲言又止的狀態，
讓彼此的關係彷彿也停滯了。

我跟薇拉還不是男女朋友時，
我們見面吃飯時，
我都會習慣性的把我口袋的精神食糧，
檳榔和香菸放在桌上，
那時候沒聽過他說過他不喜歡，
交往後，

我也持續有吃檳榔的習慣，
他開始不高興了，
我說：
親愛的我願意減少吃檳榔的次數，
以前我兩三天吃一次，
但我們跟朋友聚會喝酒的時候，
妳可以允許我吃嗎？
因為檳榔對我來說可以解酒，
這樣可以嗎？
她答應了。
我一個月頂多只有三次的聚會，
我覺得我為她改變了很多，
但我還是能明顯感受到，
聚會結束後她是不開心的，
我問了她為什麼不開心，
她說：檳榔味道很臭很不舒服，
為了讓關係美好，
為了讓她開心，
我說：好，那我以後不吃了。

之後只要有聚會，
我真的沒吃了，
但只要我一個人回屏東，
我把握她不在我身邊的機會拼命吃，

好像現在不吃，
以後沒得吃的感覺。
過了幾天，
我問自己，
為什麼我在薇拉面前是一個樣，
回屏東後又變回了以前的我，
我不喜愛這個自己，
同時我也覺得薇拉是在挑剔嫌棄我，
交往前能接納的，
為什麼現在無法接受？
還是她已經不愛我了？
只是在找理由，
很多的猜忌在我心。

有一天我忍不住問了她：
我說：親愛的我想問妳，
一開始我們交往前，
妳就知道我有吃檳榔的習慣，
交往後，
我也減少了次數但妳還是不滿意，
我想知道妳真正無法接受的想法，
她留下的眼淚說：
因為我很害怕你因為吃檳榔比我早死，
當下我感受到的是她對我的關愛，

而不是嫌棄控制。

當我理解薇拉真正的想法後，
我對檳榔不再上癮，
就算一個人回屏東，
也不會有過去購買檳榔的習性。
如果沒有這次入心的談話，
我會陷在自己編織的劇情裡，
那我們的感情一定會有更多的考驗！

禪卡引導：

你說話常常欲言又止嗎？
你的喉嚨會常乾咳嗎？
對於表達自己的想法，
你會有所顧忌嗎？
你所在意的，
只有自己知道，
如果你沒說，
對方不會有讀心術的！

後記：

不是每個人都這麼有智慧，
聽得懂你的弦外之音。

(51)

突破

牌義：

這是一股受夠了的狀態，
也意謂著沈積已久的模式該掙脫了，
唯有大破大立才有新氣象。

在遇到瓶頸時，
每個人都有他處理的模式，
我有好一陣子，
遇到收入支出不平衡的時候，
尤其是在去年接近年底的時候，
有二個月左右，
非常的不順遂，
我不曉得老天這次要帶給我什麼考驗，
那段時間，
我一如往常來工作室，
沒預約就補眠，
因為焦慮睡眠品質一定不好，
再不然就玩玩接龍遊戲或看影片，
這樣日復一日，

因為無法改變現狀，
我漸漸的痲痹也習慣了。

我突然驚覺自己正在無作為的狀態裡，
我受夠了這樣的自己，
我開始自我對話，
如果現階段還是一樣，
我除了補眠睡覺打遊戲看影片，
我還想為自己做什麼呢？
有一天在凌晨五點多醒來，
睡意全無，
我看到了一個木箱鼓的短影音，
我非常有興趣，
我決定報名學木箱鼓，
學了一個多月後，
我提早回屏東過年，
在屏東的那三個禮拜，
我有很多的感觸，
記得每一年的新年願望，
我都會在臉書上寫下：
收入增加三倍，
完成自己的書，
但這些都沒完成，
收入的部份我無法掌控，

但完成自己的書是我可以決定的。
我在心裡下定決心，
從二月開始寫，
今年一定要出書。

開工的那天，
我還是跟過去一樣，
沒有實現自己給自己的承諾，
隔天二月四日來到工作室，
我的慣性還是想打開電腦玩遊戲，
那一刻我告訴自己，
不行再繼續這樣下去了，
我開始寫書，
從一天一篇，
到一篇又一篇，
漸漸的也習慣了這個模式。

原來老天爺是要我體悟，
別太糾結你無法控制的，
專注在你可以完成的。
這陣子每天寫書，
我的預約也豐盛了起來。

禪卡引導：

你已經受夠了是嗎？
你有想離開某些群組嗎？
對於某人你是不是已經開始不耐煩了？
積累太多的情緒，
會有爆炸的一天，
與其等著爆發，
不如一開始就讓對方知道你的感受！

後記：

每一天都是值得紀念的日子！

(52)

可能性

牌義：

老鷹是所有鳥類飛的最高，
看得最遠最清楚的，
以自由的心態去經驗一切，
會發現綑綁制約受限的狀態消失了，
只要你願意敞開，
你會感到放鬆，
也很安然的處在當下。

你有讓自己有彈性嗎，
還是一成不變的生活著，
有時候我們可以接受這個狀態，
但有時候確實是不享受，
面對這個不享受，
我們還能怎麼做呢？

剛開始跟薇拉交往時，
因為自己的不安全感，
只要我們一起出遊，

我一定會在臉書上標註她，
看起來是透過臉書做一個紀錄，
其實我是在宣示愛的主權，
好讓其他想追求薇拉的追求者，
知難而退，這是我的心機。

過了一個多月有一天平日，
我們一起出遊，
因為之前標註她她都說可以，
我也以為那天她是可以接受的，
我沒有經過她的同意，
標註了她，
寫了一篇關於出遊有趣的文章，
她看到後，
不開心的說可以不要標註她嗎？
我一開始覺得很受傷，
又開始創造了我的劇本，
我認為她應該覺得跟我在一起很丟臉，
沒車沒房搭捷運去旅遊很寒酸，
她認識的男性朋友幾乎都事業有成，
我卻無法給她更優渥的生活，
還是她已經有了其他追求者？
所有的猜忌無限放大。

過了半小時，
我想了解真正的原因，
我問了她：為什麼之前標註妳可以，
現在不行了？我想知道。
她說：
因為之前我們出外旅遊是假日，
我覺得假日出遊很正常，
但今天是平日，
我不想讓我的同事、家人、朋友，
覺得我不務正業都在玩，
聽完她的顧慮，
我理解了，劇本就落幕了，
我很感謝薇拉說出她的真心話，
讓我學習到，
每個片刻都有不同的狀態，
我們必需學會尊重對方！

禪卡引導：

休假你都把時間給家人嗎？
你有想去學一技之長嗎？
你有想去參加你想體驗的活動嗎？
你的渴望會有人願意支持的，

但你說了嗎？

後記：

理所當然久了，
會出現問題的。

(53)

新的洞見

牌義：

生命以新的樣貌來到面前，
你可以信任當下的直覺，
重新去經驗所有的人事物。

我們都知道學不會的還是會再來，
老天爺總是透過許多的考驗，
來確定我是否已經學會了。

這些年，
我在慶玲老師帶領的心靈課程中，
收穫很多，也有所成長。
朋友看在眼裡，
都覺得我跟以往有很大的不同，
我在屏東有一位好友，
我們認識的時間不長，
但很交心，
我在屏東最困頓的時候，
他都會關心我吃了沒？

有時候我把自己關在家裡，
他會刻意找一些理由來陪伴我，
順便帶上他的拿手菜，
最深刻的印象是，
我的兒子因為腸病毒住院，
他來探望也帶來昂貴的蘆薈汁，
好讓我兒子更快速恢復健康，
這份恩情我一直銘記於心。

來台北後，
我會分享慶玲老師的課程，
有一次，
他打電話跟我說：
他想上慶玲老師的課，
但目前身上金額不夠，
是不是可以請我跟薇拉開口，
他下個月就可以還清了。
我非常興奮，
他做了他一直想做的決定，
我也非常信任他的為人說到做到，
我馬上答應了他。
過了半小時，
我突然感覺不大對勁，
我想起，

過去會幫朋友背債，
就是為了還他對我的恩情，
而做出超過自己能力範圍的事，
不是不信任這個朋友，
我也知道，
不必因為之前不美好的經驗，
對人性感到質疑，
但我必須量力而為，
如果真的發生了，
我身上有足夠的錢還薇拉嗎？
說實在的並沒有，
或許薇拉不會跟我計較，
但我就覺得我不能再讓自己重蹈覆徹，
我打了電話給這位朋友，
我說：不好意思，我答應的太快了，
我之前發生的事，你都很清楚，
這麼多年的學習，
是讓我有所改變的，
不是讓我和過去一樣。
而且你也認識薇拉，
你可以直接跟他開口，
不需要透過我，
不是不信任你不會還錢，

而是我要有自己的原則，
希望你能體諒。
朋友說：他能理解我的想法。
至今我們的關係雖然沒有常見面，
但更緊密了。
我感謝這位朋友，
帶給我生命的課題，
讓我再次學習，
別再一直證明自己是個懂得感恩的人！

禪卡引導：

你常自欺欺人嗎？
你會希望伴侶為你顧小孩嗎？
家事都是你在包辦嗎？
別弱化了對方的能力，
讓對方有學習的經驗，
你才不會身心俱疲！

後記：

感謝好朋友的允許支持，
讓我把這個經驗寫下來。

(54)

局外人

牌義：

太多的猜忌，
只會讓自己不停的等待，
想進去這扇門不需要等對方開門，
門一直沒上鎖，
你可以大方的走進去，
過多的想像只會折磨自己。

在友誼的關係上，
我至今仍然有個缺憾，
在屏東我有一位男性朋友，
年長我幾歲，
他是一位非常有創意的美髮設計師，
我們認識多年，
我是他的客人，
在我跑路的那半年中，
有一天，
他聯繫我問我過的好不好？
他剛好要來花蓮遊玩，

可以來看看我，
順便免費幫我剪頭髮，
我編了一個理由，
拒絕了他的好意，
因為我不想憔悴的樣子被發現。

從花蓮回屏東後，
我每天無所事事，
他總會邀請我去他的工作室聊天，
或開車載我出去走走，
我在他的工作室也認識了許多朋友，
在他的工作室只要他的客人上門，
他也會介紹我給他的客人認識，
有需要的就會當場算塔羅，
我因為這樣，
有了一些收入也精進了自己的塔羅，
直到我來台北後，
我們比較少聯絡，
有一天我發現，
我不再是他臉書好友了，
我不敢問他，
也害怕問了結果是我無法接受的，
所以關係漸漸的變淡了，
以前只要回屏東，

我都會去拜訪他，
經過這件事，
我心想他會願意見到我嗎？
我還是別造成他的困擾好了，
所以這幾年我們變得沒任何交集。

今天抽到這張牌，
讓我想起了他對我的好，
我問自己，
我在乎這段友誼嗎？
答案當然是肯定的，
也許我們再也回不到那段美好時光，
寫完這本書後，
我會勇敢面對自己的心魔，
下次回屏東一定要去看看他，
說出心裡話，
無論結果如何，
至少讓自己沒有遺憾。

禪卡引導：

你內心有遺憾嗎？
你常被動嗎？
你對某人某件事有不了解的地方嗎？

把內心的疑惑說出來，
會讓事情更加清晰！

後記：

主動並不是卑微，
而是因為在乎。

(55)

豐富

牌義：

接納自己現階段真實的樣子，
會因此充滿更豐盛的狀態，
只有敞開心胸，
不執著好壞對錯，
生命將會更加燦爛。

某些時候，
我會失去方向，
不敢展現自己的真性情，
尤其是在我愛的人面前。
想把最燦爛美好的呈現給對方看，
久了，
其實心是疲累的。

記得有一次回屏東，
準備北上時
約了兒子一起吃午餐，
在用餐閒聊的時候，

兒子說：
爸爸等一下你有空嗎？
可以載我去買鞋子嗎？
我說：
沒問題，我還有時間，
那你要去哪裡看呢？
有自己去看過了嗎？
你的鞋子壞掉了是嗎？
兒子說：
我有去看過了，
就在這附近，
我的鞋子快磨到底了。
我接著說：
好，那等一下，
吃完飯爸爸載你去。
那雙鞋大概要多少錢你知道嗎？
兒子說：大概四千多元。
說完我們繼續用餐。

這過程，
我很猶豫該不該讓兒子知道，
我只剩四千元，
後來我還是跟兒子說：
如果你想買那雙你喜歡的鞋子，

爸爸願意滿足你，
但爸爸現在身上只剩下四千元，
我可以先給你二千，
下個月再匯二千給你，
你覺得呢？
兒子說：
我們先去看看好了，
因為我還有看到一雙三千多的，
我說：好。
如果最後決定買三千多的那雙，
我今天就可以買給你。
用餐後，
我們去買鞋子，
兒子決定買三千多的，
我問兒子：
這是你真正喜歡的嗎？
兒子明確的說：是啊。
結帳後，
我們回家擁抱道別。

我知道，
這對我來說相當不容易，
以前我知道價格後，
應該會直接跟薇拉借貸，

然後去滿足兒子的渴望。
這次我用這樣的經驗跟兒子互動，
也是想讓兒子了解，
我們可能都會遇到，
當下自己能力有限的時刻，
不需要批判這個狀態，
更不需要自責，
畢竟這只是這個階段的自己！
如實的接納自己，
會發現生命是豐富多彩。

禪卡引導：

你很在意別人的眼光嗎？
你特別在乎別人怎麼評價你嗎？
你對於自己的穿著打扮有疑慮嗎？
活出真實的自己，
別用外在條件來限制自己，
你會是輕鬆的！

後記：

你想留長髮還是短髮，
這一刻你可以為自己改造。

(56)

愛人

牌義：

在關係中渴望與對方是真實的，
但你渴望的必須先給出去，
你先真實了，
對方也會真實的了解你的想法，
這樣彼此才有共識。

我們有時候能很清楚自己的渴望，
但身邊的人有時候並不清楚。

在我還在尋找工作室時，
我跟薇拉去拜訪了一位朋友，
因為他之前做過房仲，
對房子出租的事情比較清楚，
我說了我最近的計劃，
想要有一間屬於自己的工作室，
但台北真的不熟，
租金也不便宜，
有沒有那個地段比較合適我的？

他說：
你可以去頂好名店城問看看，
哪裡整個商圈幾乎是算塔羅的。
至今我仍然非常感謝他的建議，
雖然我沒有租到空間，
但因為他的建議，
我在那裡駐點了一年，
也累積了許多擴展塔羅占卜的經驗。

另外一個恩典是，
我跟薇拉在住家附近的咖啡廳用餐，
店長給我的感覺是位很有熱情的人，
記得第二次再去用餐時，
我主動的話家常後介紹自己的職業，
我說：
店長你好我是塔羅大師，
目前正在附近找合適的工作室。
他說：
如果你還沒有找到，
這個位置可以讓我駐點，
但只能星期一到星期五，
因為六日生意比較好，
沒辦法把位置留給我。
我們討論後達成了共識，

於是，我每個禮拜都是充實的。

這兩次的美好經驗，
讓我學習把握機會表達自己的想法，
就能創造更多的無限可能！
越糾結於害怕麻煩別人，
走得會越緩慢，
或許有些人不覺得麻煩，
而是我們想太多了！

禪卡引導：

你有常表達自己的狀態嗎？
你的伴侶有非常了解你嗎？
你是不是心事重重，但沒人察覺？
如實的反應自己的感覺，
會讓彼此更貼近彼此！

後記：

機會一直都在！

(57)

制約

牌義：

當你被世俗的體制綑綁時，
你會忘了自己的本質，
把屬於自己的特質鮮明的活出來，
你會是自由喜樂的。

我們總會透過一些重複的發生，
再次認出愛。
2023 年年底，
和薇拉最後一次巨大的衝突，
這次的衝突，
當時我已經下定了決心，
永不回頭。

如過往的模式，
東西收拾後回屏東，
沒有靈魂的待了兩個禮拜，
中間有和薇拉通電話，
問了她一個問題，

我說：
親愛的妳想繼續走下去嗎？
0% 到 100% 有多少呢？
她說：現在大概 50%
這中間薇拉有問我什麼時候回台北，
我說就這兩天吧！
她以為我們沒事了，
掛完電話後，
我其實是心灰意冷的。

我覺得我為妳做了這麼多改變，
在妳心中的愛卻只有 50%，
很不值也好沮喪啊！
帶著這樣的心情，
我一路開回台北的途中，
不停的問自己，
那還要繼續下去嗎？
有意義嗎？
會不會我永遠都達不到她要的？
還是現在放棄好了，
別浪費彼此的時間，
反正我做再多的好，
只要有讓妳不開心的，
我就是被否定的，

這些的聲音，
讓我想徹底放棄這段感情。

回到台北後，
我沒有把行李搬上去，
進門後，
我直接說：
我們還是分開比較好，
彼此才不會痛苦。
我細數她對我的不滿意事件，
我改進了，
也說起我對她的不爽，
我覺得她沒改變，
就是對我不在乎沒有愛。
帶著這樣的心情，
那天晚上我回到了工作室睡覺，
睡覺前，
我不打算不告而別，
我傳了一封簡訊給慶玲老師，
老師聽完後說：
50% 很多了，
我突然意識到，
原來我因為這個 50% 被影響了，
這樣就想自動放棄了。

謝謝慶玲老師的提點，
提醒我應該把焦點放在自己渴望的，
並不是太過擔憂，
我在薇拉心裡沒有 100%，
我對薇拉還有愛，
就勇敢去愛。

隔天我約薇拉出去走走，
我們一路尷尬沒有太多交集，
畢竟，我一下子想要繼續，
一下子不想繼續，
她也累了。
一路上我思考著，
我們的問題，
我期望她和我一樣，
有話就直說，
這樣我才能了解她當下的想法，
我才不會犯下無心之過，
她曾經有跟我說過，
她覺得自己已經進步很多了，
我卻覺得還不夠，
我一邊開車一邊問自己，
如果薇拉一輩子都達不到，
我要的有話直說，

我還愛不愛這個人？
我肯定的回應自己：愛，我愛！
那次的出遊，
我告訴自己，
我允許她做她自己。
因為我愛他。

過去，
我會覺得，
每一次妳只要說妳今天要參加什麼活動，
我都說好，
我今天想要做什麼，
妳有時候會反對，
妳不支持我等於就是不愛我，
這樣的信念，
讓我們愛的風風雨雨，
我希望她坦白說出她的想法，
她坦白了，
我卻不高興，
她一定很糾結以後到底該不該說，
原來，
我們都因為愛沒有活出自我。
經過這次的大考驗之後，
我們的感情更緊密了！

禪卡引導：

你常扮演別人期望中的自己嗎？
你會害怕別人無法接受真實的自己嗎？
明明不在意的事，你卻裝作不在乎嗎？
失去自己的特質，
你的心終究會不快樂的！

後記：

平靜從自身開始。
（彩虹卡）

(58)

四海一家

牌義：

在意別人開心不開心，
而忽略了自己的感受，
真正在意你的家人和朋友，
他們也非常在乎你的想法！

刻意的討好結果往往是吃力的，客人預約了時間，
多少都會遇到他臨時有事取消的時候，
平日星期一到星期五我還能接受，
因為我人本來就在工作室，
如果遇到六日預約臨時取消，
而我已經出發到工作室時，
我都會有一種隨時可以被替代的感覺，
雖然這樣的次數不是很多，
也能明白對方有他不得已的苦衷，
我還是告訴自己算了，
或說服自己他不是故意的，
來填補我失落的心情。

有一天的假日，
我接到了熟客的預約，
我提早到了工作室，
他離預約的時間前半個小時，
傳訊息說他臨時有事來不了，
改下次再約，
這樣的模式，偶爾出現我並不陌生，
過往我總會說：好！沒問題。
這次我直接跟對方說：
我人已經來到工作室了，
因為六日我是彈性上班的，
我接受你想預約的時間，
也專程前往空間一趟，
我覺得不被重視。
客人除了道歉之外，
也提出他的想法，
他說：
老師，我真的不是故意的，
那老師願意讓我晚一小時到嗎？
我說：
我知道你不是故意的，
但我也要清楚表達自己的立場。

我反思這些發生，

我能理解對方真的不是有心的，
那我還能有什麼作為呢？
如果客人第一次取消，
我除了接受這個結果之外，
我應該要告訴他，我的想法，
這樣也能避免同樣的問題發生，
如果真的不幸運，
遇到相同的人，預約又取消，
你也跟他說了，他還是依然故我，
我也可以有所選擇的。
可是，
我們往往害怕對方不開心，
害怕留下負評，擔心收入減少，
而默許對方用不合理的行為對待，
其實，
我們也有該要負起的責任，
因為我們都忽略了自己。

禪卡引導：

你很害怕分離嗎？
你都滿足別人而很少滿足自己是嗎？
你希望周圍的人都是開心的是嗎？

良好的關係，
不需要你犧牲自己，
犧牲久了，
關係會出問題的。

後記：

迎合討好沒問題，
但請心甘情願接納自己的選擇！

(59)

正在經驗

牌義：

把你的感受告訴對方，
不需要擔憂對方的回應而不敢表達，
只是單純的去完成你想完成的。

人總會有糾結的時候，
記得 2014 年，
慶玲老師和幾位好朋友來南部，
特地來屏東看看我，
我非常開心，
但也擔憂自己的地主之誼做的不好，
當時的我沒有交通工具，
老師他們一台車剛剛好，
我和媽媽的關係也不是太好，
心裡也害怕萬一媽媽的臉色不好，
會不會讓老師他們有壓力。

後來，我決定面對這一切，
因為我也渴望見到老師他們，

我跟堂妹開口借了一台車，
老師出發前跟我說：
請我轉達我的媽媽，
老師要請媽媽一起吃個飯，
我跟媽媽簡短說明後，
他一開始是拒絕的，
後來還是答應了。
整個過程我都很擔心氣氛好不好？
會不會尷尬有沒有話聊？
透過慶玲老師耐心傾聽媽媽的抱怨，
彷彿媽媽也有了一個出口，
心情也稍微放鬆一些，
用餐時老師囑咐我幫我媽夾菜，
因為我擔心媽媽的反應，
在行動之前我的心情是複雜的，
行動之後心卻是喜樂的，
一種未曾有過的情感在我的心裡流動，
那一刻讓我想起很小的時候，
都是媽媽幫我夾菜，
碗中滿滿的菜，
深怕我吃不飽，
代表著對我滿滿的愛，
深怕我缺少了什麼。

回到家後，
老師也跟媽媽分享，
我在台北協助了許多人找到方向，
媽媽才比較了解我，
我深刻體會到媽媽對我的愛，
從小到現在一直都在未曾離開，
隨著年紀越大，
發生的事越多，
誤解也越多，
對愛的認知卻越來越感受不到，
對媽媽付出的愛開始懷疑，
對所有發生的事，
只要不符合我內心期待的，
我就否定這一切，
我開始不相信愛，
不信任媽媽是愛我的…

透過一個簡單平常的動作，
讓我重新連結愛！
滿滿的感動，
看似母子的大和解，
其實是讓彼此更靠近彼此的心。
再次感謝慶玲老師和好朋友的到訪！

感謝堂妹借我交通工具。

禪卡引導：

你特別在意結果不如自己預期嗎？
你會為自己的渴望努力到最後嗎？
你很害怕關係變得不和諧而隱藏自己的情緒嗎？
依照你的直覺去完成你此刻想完成的，
過多的憂慮只會讓自己失去動力！

後記：

沒去經驗怎麼知道結果呢？

(60)

分享

牌義：

把自己擁有的一切展現出來，
而不是覺得毫無建言，
當匱乏的能量存在時，
即便你擁有了很多，
也會覺得這一切都微不足道。

記得在很多年前，
有一天在搭捷運的過程中，
旁邊坐了一對母女，
女兒有先天性的疾病，
在言語表達上有些障礙，
母親在當下聽不大懂女兒想說的，
我在旁隨即回應著我所聽到的，
母親聽我說完後，
很感謝我。
在這過程中，
讓我想起我的女兒，
她是個早產兒，

出生時體重 800 公克，
先天的不足，
也讓她有語言上的表達障礙。

我與那位母親分享我的經歷，
我說：我也有跟妳相同的經歷，
這樣的小孩子特別缺少安全感，
也渴望更多的愛與耐心，
這過程您一定也很辛苦吧！
雖然他們先天不足，
可是他們特別貼心，也特別細心，
這就是他們獨特的特質，
而我們能做的就是接受這一切，
也不必特別擔心他們有什麼不同，
讓他們自由的發展，
並且給予信任與鼓勵，
孩子會有她們的一片天的，
最重要的是，
我們內在不需要有愧疚感，
相信您對他的愛是存在的，
而不是帶著這份內疚的責任去對待她，
這樣妳會更自在，
也會有更多源源不斷的愛在流動。

當時他眼光泛紅，
也回饋著說，
他真的放不下，
也深深覺得這個愧疚是他造成的……
聽我分享後，
我們都對彼此心懷感激的道別，
那一刻，
我的心，
突然間像花綻放著，
我明白自己的天賦是分享愛，
那是一種自然的本質。

我在花蓮最谷底黑暗的時候，
在桌上放了我女兒小時候的照片，
每當我想放棄自己生命的時候，
我就想起她出生後一個月，
因為早產體重不足，
有許多先天性的疾病，
在醫院保溫箱插管待了近半年，
一開始，
醫生曾詢問我們是否要放棄？
因為插管的因素，
未來可能會影響各種發展，
我和前妻的回答是，

如果女兒願意留下來，
無論未來如何，
我們都會接納她好好愛她，
近半年後順利出院回家。
女兒對生命奮戰堅韌的精神，
在我人生谷底掉進深淵的時候，
彷彿給了我一條繩子影響了我，
感謝女兒，讓我為自己再勇敢一次！

禪卡引導：

你會毫無保留分享你的所有嗎？
你有讀心術嗎？
如果沒有為什麼希望對方有讀心術呢？
關於你的感受 0-10 分你都表達幾分呢？
你的想法和感受跟身分地位沒有任何關係，
練習表達自己的看法，
就是人生最珍貴的事。

後記：

相信嗎？
你的一句話可以鼓舞人心！

(61)

守財奴

牌義：

別害怕失去所擁有的而築起一道牆，
這一道牆只會讓自己更加放不開，
正視自己目前所擁有的，
好好享受當下。

人很奇怪，
在還沒有擁有感情時，
總能敞開自己的想法，
擁有之後反而綁手綁腳了。

那天空間來了一位熟客，
詢問有關於感情方面的事，
他說著：
老師我現在在感情裡，
很不開心很不享受，
我說：發生了什麼事？
他說：
我跟男朋友交往三個月了，
剛開始曖昧的時候，

有一天他來載我，
我上了車，我問他要去哪裡？
他回我說：我載你去我朋友家打牌，
我直接告訴他：
我沒有要去，前面放我下來。
男朋友覺得我很有個性，
跟他之前所交往的對象不一樣。

現在我們交往三個月了，
我住在他家，
有時候他下班後在打電動，
我有點餓了，
我不敢麻煩他載我去吃飯，
他也沒有問我會不會餓，
我覺得他變了，
我覺得他不愛我了，
我是不是要結束這段感情？
透過牌卡我說：
結束一段感情不難，
最難的是還沒發現這段感情，
到底發生了什麼問題，
我們就做了這個決定，
其實你的男朋友不是不重視你，
而是依他一開始對你的了解，

覺得你是有話會直說的人，
當時的他在打電動，
你沒任何反應，
他會覺得你還不餓，
所以他繼續做他的事。

我問他：
為什麼？
在你還沒開始跟他確認關係之前，
你能很直接表達你的感受，
現在交往了，
你反而不敢說了呢？
他說：
因為那時候還沒開始交往，
感情還沒投入，
現在投入了我怕我說了他不高興，
破壞了他的興致覺得我很麻煩，
我說：
他就是喜歡你直來直往的個性，
而且，如果你說了，
他真的覺得你很麻煩，
那你才能確定他真的變了。

占卜結束後，

我反思自己，
也有相同的模式，
在還沒成立工作室時，
我悠然自在的面對來占卜的朋友，
有了工作室，有了房租的壓力，
我反而讓自己畏畏縮縮，
怕自己的作為，讓客人不開心，
成立工作室到底是來擴展我的生命旅程，
還是讓我的人生受限的？
透過每一位來空間療癒的朋友，
都能帶給我啟發和提點。
感謝所有感謝一切！

禪卡引導：

你有很多自己的小劇場嗎？
你想掌控一切嗎？
你很害怕變動是嗎？
面對關係的考驗，
記得別出賣自己的心！

後記：

所有的心牆都是自己想像的。

(62)

覺知

牌義：

隔著一層紗，
這一面紗也阻絕了任何的連結，
唯有把自己的感知表達出來，
對方才能看到你真實的樣貌。

在關係裡，
我是一位不想麻煩別人的人，
深怕自己造成別人的困擾。

有一天起床後，
準備出發來工作室上班，
那天其實我很想約薇拉去郊外走走，
那陣子的不順利，
讓我想藉由出門走走轉換心情，
我沒有直接跟薇拉說我的需求，
我拐個彎說：
親愛的妳會想要出去走走嗎？
她回我說：

今天不行，我今天有事要處理。
我說：好哦。

每次聽到這個答案，
我都會覺得不公平，
為什麼薇拉每次臨時提出的要求，
我都會答應她，
她卻無法滿足我？
為什麼薇拉每次有朋友臨時約她，
她都可以挪出時間？
我覺得她對別人比較好，
她比較重視別人，
我內心所有的不諒解開始展開。
當然，
我當下不會跟她談論這一切，
但心中積壓的不滿，
總會在之後的發生爆炸。

薇拉總是說我記性很好，
每次吵架，
都能把之前發生的經過細說從頭，
我數落她對我不公平的對待，
有一天她說：
她也不是每一次朋友約她都會答應，

她也拒絕了很多次，
只是有時候會去赴約，
真的是那天沒什麼特別重要的事，
那次你問我想不想出去走走，
我以為你只是問我的想法，
如果你那天是需要我陪伴的，
就算我忙，
我非常願意處理完公事後陪伴你。

我聽完，
我覺得很慚愧誤解了她，
我有一種設定，
妳需要我，
我能為你放下工作預約，
這是我對妳的愛，
妳卻要妳工作忙完再選擇陪伴我，
妳並沒那麼在意我，
妳很自私，
其實，
我也並沒有很直接的告訴他我的狀態，
我應該直接說：
親愛的，
我今天心情有點悶，
需要妳陪我出去散散心，

妳今天有事要處理嗎？
就算她真的要先處理公事再陪伴我，
這也是她對我的關愛，
我不能因為她沒有第一時間滿足我，
而認為她不重視我。
因為她也盡力做了她可以做到的。

禪卡引導：

你很隱晦表達自己的想法嗎？
別人都很清楚知道你的需求嗎？
你真實的一面很少人看見嗎？
試著練習真實表達自己的內心，
可以減少許多的誤解，
更會讓你更貼近自己。

後記：

愛不是讓對方為難。

(63)

遊戲的心情

牌義：

小丑在表演時並沒有多餘的思考，
他不擔心有多少觀眾，
他不操心有沒有人認同，
他不擔憂有沒有掌聲，
而是單純的去做他想完成的一切。

在我決定踏上身心靈領域之前，
我常陷入一個情境，
由於自己不完美的過去，
在關係裡外遇，
不務正業靠賭博維生，
負債累累，
沒有盡到對家人該盡的責任。
所有的不堪，
如排山倒海而來的淹沒自己的人生。

我開始懷疑自己，
我真的能幫助到別人嗎？

會不會他們知道我的過往後，
無法接受這樣的心靈老師？
他們會怎麼評論我呢？
不安和壓力開始侵襲我的渴望。

有一天，
我問自己，
如果這只是一個過程，
我要讓自己一直活在過去，
還是要勇敢面對未來？
我篤定的告訴自己，
我要勇敢真實的面對自己，
哪怕得到的是指責，
我也必須為自己曾經所犯下的錯誤承擔，
畢竟，
每個人都有他的價值觀。

當內心的障礙排除之後，
我會透由解牌的時候分享我的經驗，
一次又一次的敞開後，
我發現他們也越來越敞開自己。
我的人生無法重來，
但若沒有這一路上的磨練，
我應該無法學會審視自己！

這就是經歷的力量，
這些經驗也讓我的內心逐漸地專注，
專注在自己內心的初衷，
而不是在別人的觀感上。

禪卡引導：

對於現況的你做任何決定都很不安嗎？
你的決定是建立在別人的認同之上嗎？
最近你很緊繃嗎？
無論結果如何？
記得尊重自己的選擇，
好好善待自己！

後記：

寬恕自己，
會有另一個世界等著你去創造！

(64)

政治手腕

牌義：

沒有任何的目的，
沒有利益交換，
所展現的就是自己真實的樣子。
不需要偽裝，
更不需要隱藏自己！

2018 年的三月終於找到工作室，
離家裡和捷運站都很近，
房子的大小空間也非常剛好，
我們在簽約時，
房仲就表明了只簽一年的合約，
因為房東想把房子賣掉，
我們也問了一下，
萬一這一年內房子賣掉了，
我們有什麼保障？
畢竟我們也會部份裝潢，
房仲說：
買賣不影響租賃，

如果真的賣掉了，
我們還是可以承租到租約期滿的那天。
我們心想，
這樣也不錯，
畢竟我們也沒有開工作室的經驗，
也不知道開了工作室之後的結果，
簽約一年也蠻不錯的，
房東另一個請求是，
希望我們能配合房仲帶看房子，
一個禮拜一天大約兩小時內，
看房子的時間由我們來決定，
我們也同意了。

這中間，開始發生了一些變化，
房東有時候都會私訊我說：
上一組客人還想帶家人再看一次，
假日的時間，我是否方便？
或明後天還有幾組想看，
我可以開放嗎？
本來約定好一個禮拜一次的，
我開始打破了這個原則。
直到八月房子賣掉了，
房東詢問我們是否願意搬家？
他會補償兩個月的房租給我們，

我在電話那頭情緒反應非常大，
我覺得好像你有錢我就要配合你，
你要我走我就要離開，
我說著還剩下半年，
我們也花了一些錢佈置了，
這損失真的讓我無法接受。
掛了電話後，
我們約定明天當面談。

我開始問自己，
我無法接受這個發生，
真的只是金錢上的損失嗎？
對方也願意補償了，
為何我的情緒還是極度不滿？
我發現，
原來是我在這個過程中，
為了配合討好對方，
即使假日人不在工作室，
還特地去開門讓房仲帶看，
原來我對房東的付出是有目的的，
我盼望我留給房東一個好印象，
一年租約到期後，
他不會漲房租並願意續租給我，
這是我的利益交換。

現在發生了不符合我期望的事，
我覺得我的付出白費了，
但這是我自己的選擇，
我要為自己的決定負責。

我問自己，
補償多少錢我才願意接受這個結果？
答案是最多房租的金額四個月，
最少就一個吉祥數字八萬八吧！
我把這些過程跟薇拉分享，
她也支持我的決定。
隔天我和房東達成共識，
事情也圓滿落幕。

禪卡引導：

跟別人想法不一致時，
你都選擇退讓嗎？
你都在扮演討好的角色嗎？
你會因為別人的一句話，
改變自己的初衷嗎？
時刻反省自己的決定，
才能從不滿中找到事件所發生的意義！

後記：

歡喜做甘願受（靜思語）

(65)

成功

牌義：

不害怕自己所表達的話，
所做的決定會帶來什麼結果，
只是單純的享受當下，
當一個人面對未知不再恐懼時，
心裡是充滿平靜喜悅的。

隨著占卜的經驗越多，
客人也會詢問我是否有線上占卜，
剛開始我是拒絕的，
除非我們已經有見過面，
彼此有了占卜的美好經驗，
我才比較放心。
隨著疫情的發生，
有段時間政府紛紛要求大家，
待在家減少人與人的連結，
我才迫使自己接受這個考驗。

在一次又一次的線上占卜之後，

我才發現，
線上占卜並沒有我想的那樣，
會因為沒有面對面的連結，
而少了更多的互動，
我內心一直有顧慮，
害怕對方第一次線上占卜，
因為我沒有看到對方的表情，
他當下的表情會是如何？
會不會我解牌的過程所舉的案例，
讓他覺得我在拖時間？
畢竟我們是依通話時間收費的，
這些顧慮讓自己裹足不前。

原來追求過程完美的我，
失去許多可以創造的機會，
其實我發現，
最重要的是在這過程中，
我有沒有真誠的對待對方，
當我開始真誠的展現自己，
即使對方沒見到我，
他也能感受到我的如實，
這個發生讓我更擴展自己，
再也不受限區域距離的關係，
開始踏上線上占卜的旅程！

禪卡引導：

你在放假的時候，還掛念著公事嗎？
你害怕失敗比渴望成功來的多是嗎？
對於不確定因素常讓你難以抉擇嗎？
允許自己有犯錯的空間，
從錯誤中學習，
會有更豐富的人生經驗！

後記：

過多的預想，
只會讓自己坐立難安！

(66)

完成

牌義：

看起來一切即將結束了，
但實際上還有下一個階段，
等著我們去了解和體驗。

那天空間來了一位新朋友，
詢問有關於情感的問題，
他訴說男友在跨年後跟他分手，
他想知道男友現階段的想法。
透過牌卡我說：
男友目前在這段關係上很真實，
有什麼說什麼，
也還很在乎這段感情，
只是心有點疲累。
而你在這段關係上，
比較容易隱藏自己的想法，
常讓對方摸不著頭緒。
客人說：老師我覺得你說反了，
我才是有話直說，

反而我覺得男朋友都很少說，
我都不知道他在想什麼，
我說：我只能信任牌卡帶來的訊息，
無法討好你附和你。
你方便說你們發生了什麼事嗎？
她說：我們約好一起跟朋友跨年，
那天晚上男朋友說他身體不舒服，
想在家休息，
我不同意，
我告訴他一定要來，
最後他來了，
隔沒幾天他就跟我提分手。

我說：
看起來你不是一位不明理的人，
你當時為什麼一定要他出現，
一定有你的原因吧？
他說：
一個多月前，
男朋友要去南部參加一個活動，
他沒約我要不要一起去，
我很不開心，
所以跨年那天我承認我是故意的，
我說：

你願意真實面對自己，
真的不容易，
如果那天他有問你，
要不要一起去參加活動，
你在跨年那天會讓他在家休息，
還是一樣會勉強他出現呢？
客人說：我會讓他在家休息。

我們都很容易定義對方，
覺得對方沒有邀請我一起去，
應該是嫌我麻煩，
也許你也讓對方覺得，
你事業心很重，
平常忙於工作，
應該不會想參加這類型的活動，
隨著自己內心戲不斷上演，
其實最好的方式是，
如實的表達自己的想法，
當他跟你說他要去南部時，
如果你真的想一起去，
何不當下就表達你的渴望，
也聽聽對方的想法，
你沒說也定義了自己創造的結果，
反而讓關係增添了許多誤解。

禪卡引導：

你說話常拐彎抹角嗎？
你總是急著定義結果嗎？
關於工作或感情你還沒做決定是嗎？
給自己一個靜心的時間，
不用急著做決定，
當你決定後，
就為自己的決定全力以赴！

後記：

走出困惑最好的方式，
就是去了解真相。

(67)

壓力

牌義：

太多的事情等著去完成，
更害怕自己表現不好，
所以特別用力去展現，
這樣的方式只會讓自己處在緊繃的氛圍裡。
太過面面俱到，
只會忽略了自己想完成的！

在我踏入身心靈領域之後，
剛開始面對來心靈塔羅占卜的客人，
我對自己都會有一種迷惘，
尤其是遇到同一位客人，
一個禮拜來預約四五次的，
客人詢問相同的問題，
抽到的牌或我解牌的內容，
幾乎是大同小異。
我心想難道是我表達的不夠明確嗎？
還是我說的不好，
否則怎麼會每天都來呢？

後來，
我才發現如果我說的讓他沒有收穫，
他當然不可能會再來諮詢，
他會再來一定有某個部份對他有幫助，
只是他內心還有許多的不確定因素，
想要再透過塔羅牌的引導，
讓他找到更堅定的方向。
每個人改變的速度也不同，
我不能用自己的思維去看待別人，
客人尋求的是內心的安定，
對我來說也許這是很簡單的，
也許對他來說這是他從沒經驗過的，
多了一份理解後，
我不再把客人每天上門，
當成是一種壓力，
我也提醒自己，
無論對方的反應如何，
我該做好自己該做的，
不是對自己所做的一切產生質疑，
找到答案之後，
我輕鬆的面對所有來到空間的朋友。
慶玲老師曾經提點我說：
你現在所做的事，

你現在所遇到的這個人，
到底是來擴展你的？
還是來擠壓你的？
如果他是來擠壓你的，
那是不是你也賦予他擠壓你的機會？
透過這個發生，
我確定客人是來擴展我自己的，
只是我一開始並沒有發現。

禪卡引導：

你經常為了別人為難自己嗎？
你是不是一個人默默扛起所有？
你都靠意志力撐著嗎？
很多事情同時來臨的時候，
去做你當下想完成的事，
需要旁人協助時，
大方的說出自己的想法！

後記：

盡全力做好該做的事，
體驗每次當下的過程，
生命因此更添豐富！

(68)

信任

牌義：

面對未知是雙手敞開的，
也願意迎接每一個考驗，
這一刻是與自己的心連結很深的時刻，
他是真實的！

有一段時間，
我常接到晚上 11 點多的線上預約，
過程我都是很享受的，
畢竟，我是夜貓子，
睡眠的時間也還沒到。
剛開始薇拉都沒說什麼，
隨著這樣的狀態越來越頻繁，
有一天薇拉直接告訴我，
她說：
親愛的我希望晚上 12 點後，
你不要接預約了，
因為晚上的時間是屬於我們的。
我說：好，我知道了。

當我一開始聽到薇拉的建議，
我其實內心覺得她在剝奪我的權利，
我認為她就是在支配我。
這個可以做，那個不能做，
她也不支持我在做我享受的事，
我表面的答應，
其實內心對她的不滿是很強烈的，
過了幾天，
我慢慢地去探索我所認識的薇拉，
我覺得她並不是跋扈專制的人，
她會這麼說，
一定有我還沒有理解她的部份，
後來，
我們溝通之後，
她說：
有時候我們一起聊天或看電影，
你接到電話，就去滿足你的客人，
我雖然一個人可以繼續看電影，
但這個感受真的不好。
還有，
我不是要阻止你多賺錢的機會，
我只是希望你別為了賺錢，
沒有給自己足夠休息的時間。

聽到這裡，
我感受她對我滿滿的關愛，
我感謝她毫無保留說出她的感受，
也感謝自己把內心的疑惑說出來。

禪卡引導：

你有毫無保留說出你的感受嗎？
投入一段感情你會害怕嗎？
關於表達自己的想法你會有擔憂嗎？
試著和自己對話，
會跟自己更貼近。

後記：

把話憋著，
會有更多的誤解。

(69)

順著流走

牌義：

信任你的真心，
讓你的感受帶領著你，
投入你的想法，
情感才會更融入你的心。

我常面臨一種考驗，
尤其是在我那陣子收入不合預期的時候，
假日的時候，
如果沒預約我和薇拉都會出門走走，
那天薇拉提議去永康街逛逛，
記得剛到永康街的時候，
接到一通來電預約，
我想把握賺錢的機會，
也想滿足薇拉的心情，
當下的我其實難以選擇，
薇拉在旁也示意我可以接預約，
但我感覺特別不踏實，
我直接跟客人說：

我目前人在外面，
如果要預約最快是六點半左右，
看您願不願意？
有些客人願意等，
有些就禮貌性的說那下次吧！

掛完電話，
薇拉問我為什麼不接受這個預約呢？
我說：
我不是不想接，
但此刻的我只想好好陪你逛街，
如果我接受了預約也賺到了錢，
雖然你不會怪罪我掃了你的興致，
我還是會覺得有些遺憾。
而且我們一趟路來到這裡，
我也不想舟車往返。
不如好好享受吧！

當我做了這個決定之後，
我不再執著流失了一位客人，
失去了賺錢的機會，
我整個下午投入在兩人的生活中。
後來，
我也發現當時拒絕的客人，

在隔天或隔兩天，
還是會打電話來預約，
當然也有錯過的，
這些經驗也讓我學習到，
在得與失之間，
都是來自於自己的想法！

禪卡引導：

你有享受目前的生活嗎？
你有想去參加一場活動嗎？
面對溝通的時候你都會挑選適當的時機嗎？
盡可能的在當下說出自己的渴望，
會讓彼此更了解彼此！

後記：

讓自己保有彈性，
你會是放鬆的。

(70)

全然

牌義：

把自己想表達的毫無保留的讓對方知道，
而不是心存懷疑。
享受過程中的信任，
也才能讓對方明白你真正的想法。

2015 年在認識薇拉三個月後，
有一天薇拉跟我說：
我覺得現在跟你說話，壓力很大。
一開始我覺得很莫名其妙，
因為我完全察覺不出來，
她跟我在一起是有壓力的。
我說：
怎麼說呢？可以讓我知道嗎？
她說：
你知道嗎？
我剛認識你的時候，
我跟你說我發生的事，
你那時候摟著我，拍拍我，

讓我感受到陪伴支持與心疼，
可是現在，
我只要跟你分享發生的事，
你總是告訴我怎麼做、怎麼說，
我覺得我很笨，
而且女人有時候需要的是傾聽，
不是給我意見。
聽完，我覺得很冤枉，
我說：親愛的我們剛認識的時候，
你告訴我發生在你身上的事，
那是過去式，
事情也發生這麼久已經無法改變了，
我當下只能選擇聽，
現在你跟我分享的是，
你現階段發生的事情，
我想保護你，
不忍心妳受委屈，
所以我才會表達我的看法。
如果依妳今天這麼說，
那未來無論妳跟我分享什麼，
我只要嗯嗯阿阿就好了，
但妳有想過嗎？
也許某一天妳也想知道我的想法，

我還是嗯嗯阿阿，
沒有回饋妳，
妳是不是也會覺得我變了？

其實最棒的方式，
就是如實表達妳的需求，
如果妳希望聽聽我的想法，
我一定會說出我的看法，
如果妳只是想倒倒垃圾發發牢騷，
我一定會當個稱職的焚化爐，
好好聽妳釋放，
不表示個人意見。
這次的發生，
讓我們的關係，
有了更深入的了解。

如果不是這些年身心靈的成長，
我的模式在聽到的那一刻，
我一定會選擇以後閉嘴別多話，
同時，
心裡一定埋怨對方對我的不理解，
與其悶在心裡，
不如把心裡話說出來。

禪卡引導：

別人的建議你都覺得是在嫌棄你嗎？
你會希望對方做任何決定都先問過你嗎？
你會希望另一伴報備行蹤嗎？
每一刻的需求都不一樣，
說出你當下的想法，
對方才能接住這一刻的你！

後記：

也許
下一刻你需要的不一樣，
但你說了嗎？

(71)

放手

牌義：

小水滴要投入一片湖泊時，
會充滿擔憂害怕，
害怕這一片湖泊不接受它，
然而，只有勇敢的經驗一切，
才不會處在掙扎的狀態中。

我在壽險業待了七年，
這七年也讓我成長收穫很多，
有一次去拜訪客戶送建議書，
客戶生下了第三胎，
解說完建議書的內容之後，
男主人在樓下小酌，
邀請我一起共飲，
我說：
當天下午四點我要回公司盤點，
客戶說：如果我願意留下來，
他會立刻開票簽保單，
他的話非常的誘惑我。

畢竟這份保單業績高佣金也不錯，
我打了一通電話跟主管說明並請假，
我以為我的主管會支持我留下，
但我的主管說：
該開會就要開會，
並提醒我可以跟客戶說，
開完會再去找他，
如果為了簽保單而讓你沒原則，
那這份保單不簽也罷。

其實，
我當時對主管的話很不以為然，
我心想，
請一次假我就有業績有收入了，
為什麼主管這麼不通人情？
但我還是聽主管的話乖乖回去公司開會，
我跟客戶說：
公司要開會我必須要先回去，
開完會我再過來陪你小酌聊天，
客戶說：
我很不夠意思，
如果我堅持要離開，
那保單他會選擇跟某某人買了，
我說：我尊重你，

只要您的孩子有保障跟誰買都好。
隔幾天客戶還是決定跟我購買。

這次的經驗，
讓我在主管的身上看到魄力與原則，
人生的道路上，
充滿了許多的誘因，
我們都害怕對方不開心，
或關係變得不和諧，
而一再的破壞自己的原則，
久了，會迷失方向的！

禪卡引導：

你有想說而不敢說的話嗎？
你有想投入一段感情嗎？
你想告白嗎？
無論結果如何，
把該完成的事情去完成，
心中的大石才不會一直出現！

後記：

坦蕩的面對自己的心，
你會對自己產生敬意！

(72)

妥協

牌義：

為了迎合討好對方，
所做出來的決定是犧牲是委屈，
這樣的存在關係是沒有交集的，
人與人之間的關係，
只有明確的讓對方了解你的想法，
這樣的關係品質，
才會有共識才會更長久。

我有將近十年的歲月裡，
過著表裡不一的生活，
這十年我依靠賭博維生，
不是每一次賭博都是順利的，
不順利的時候，
我必需要向願意借我錢的金主開口，
為了讓自己資金周轉順利，
我常常配合對方的方式過日子。

有時候明明在休息睡覺，

一通電話打來三缺一，
我立刻出發，
有時候我在休閒約會，
一通電話打來，
取消了我既定的行程，
這樣的生活，
讓我極度厭惡，
感覺自己只剩下軀殼在生活，
沒有靈魂沒有思想沒有自己。

直到踏入身心靈課程之後，
我再回顧過往的點點滴滴，
才發現，
自己做了許多跟自己相違背的承諾，
認真的把別人的需求滿足，
卻敷衍的對待自己的人生，
我雖然獲得了金錢，
但心好空洞好無力。

我省思過去發生的一切，
原來是我造就了這樣的關係品質，
借貸本是心甘情願，
而且對方也有收利息，
公與私之間我拿捏的不清不楚，

害怕拒絕對方後，
對方以後會刁難我，
我也因為這個恐懼，
讓自己的心超過我能負荷的程度，
直到麻痹後，
才驚覺離自己越來越遙遠！

禪卡引導：

你都讓別人為你做決定嗎？
你有臣服自己的決定嗎？
想法不一樣時你會說出你的想法嗎？
當你認知你就是獨一無二的個體時，
你會把握自己的發言權，
活出自己並善待自己。

後記：

這一刻你所做的承諾是你的真心嗎？

(73)

改變

牌義：

因為害怕改變的結果不理想，
而不敢做決定，
這股停滯的狀態只會讓自己更混亂，
拋開結果的好壞對錯，
生命因此前進豐盛。

我習慣讓自己待在舒適區，
因為這一區是熟悉安全的，
然而，
舒適區待久了也會乏味，
想多加點什麼，
卻又害怕不符合別人的口味。

從事心靈塔羅占卜事業十幾年，
我遇到過許許多多的考驗，
在 2023 年的時候，
有連續兩個月的收入是非常慘澹的，
我在找不出原因的時候，

開始質疑自己收費的金額是不是過高，
我是不是應該調降我占卜和授課的費用，
當這樣的念頭出現時，
我開始參考其他老師占卜和教課的費用，
確實我的費用比較高。
正猶豫做調降金額的改變時，
我問了自己一個問題，
為什麼不是調漲而是調降呢？
這麼多年了，
我也可以為自己加薪不是嗎？
我在害怕什麼？
我在顧慮什麼？
我被現況影響了我該做的真心決定。
生意短暫的不順利，
就開始質疑自己的價值，
為什麼不去思考，
最近的不順利，
就是在提醒我該增加自己的價值呢？

想通了之後，
我由一開始一小時 1200 元的費用，
調整為一小時 1500 元，
我不確定，
這個決定是否會帶來更多的收益，

但我很明確，
如果我的決定是在擔憂裡，
那絕不會是我的真心決定。

禪卡引導：

你是不是都在觀望？
現況已經無法滿足你了是嗎？
你是不是害怕改變後的結果不符合自己的期望而遲遲不敢改變？
踏出第一步，
勇敢的面對所有的可能，
累積豐富的人生經驗！

後記：

所有的改變都是自動發生的。
（取自：王慶玲老師）

(74)

源頭

牌義：

在很早以前，
你一直想去完成的事，
或是很早以前這件事已經影響了你，
但你一直沒去做，
也沒有去表達！

我在 2012 年的年底跑路去花蓮生活，
有將近半年的時間，
我沒有說話的對象，
每天讓我說最多話的地方，
不是去吃飯就是去購物的時候，
我以為我到了一個沒有人認識我的地方，
我會更自在快樂，
其實並沒有。

2015 年來到了台北，
身邊有了相愛的人和朋友，
開始有了工作和收入，

但冬天濕冷的天氣和擁擠的車潮，
也讓我渾身不對勁，
總覺得沒那麼踏實。
我以為是天氣和環境造成的關係，
其實是我內心的自我批判影響了自己。

因為對自己過往所做的一切懊悔，
但卻無力改變現況，
我對自己有很深的自責，
所以做任何事都覺得是無意義的。
一直到我發現了自己的心魔，
我才開始學習接納天氣的變化，
我才開始適應台北的日常，
無論是回到慢活的屏東，
或者是腳步快速的台北，
我開始安然的享受當下。

原來我的內心，
一直存在著我無法接納的自己，
所以不管我在哪裡，
我都會覺得我跟那裡格格不入，
當我開始接受承認自己所犯的錯誤，
我多了一些空間給自己往前，
不再求快，

不再怨恨自己，
反而多了許多的感恩和踏實。

禪卡引導：

你內心有積累許多不舒服的事嗎？
你內心所在意的事有表達出來嗎？
你有渴望的目標但一直還沒去行動嗎？
沒有人可以阻礙你往前，
何不瀟灑去經驗人生呢？

後記：

找到阻礙自己的源頭，
踏實的過每一天！

(75)

創造者

牌義：

用行動去創造自己想經驗的，
而不是毫無作為的等待別人發號施令。

有一天一位客人來詢問工作的事，
他說：
最近好不容易找到工作了，
但工作壓力越來越大，
跟我之前面試的說法不一樣，
面試的時候說公司很少會加班，
但從我進入公司後幾乎每天都在加班，
有時候會影響我晚上的休閒活動，
我想知道要怎麼改善？

透過牌卡提醒他：
如果你對公司有任何疑惑？
可以坦然的去詢問你的主管，
你可以跟對方說：
主管因為我面試的時候，

面試官有說公司很少加班，
但最近每天都加班，
我想知道這是常態性的，
還是只有這段期間？
只有把自己的疑惑說出來，
你的內心才不會糾結，
但客人有他的顧慮，
因為他是新進員工，
比他資深比他能力更好的都配合，
他害怕萬一自己問了主管，
會不會被視為難搞的員工。
我說：
如果你不想問，
當然也沒關係，
但你可以想一想，
如果到後面你才了解公司的文化，
都是要你們配合加班，
沒有任何商量的餘地，
你可以認真思考，
這是不是你真心想要待的公司，
這過程你每天上班都會很抗拒，
如果問了你有了一個清楚的答案，
你也才能做出你真心的決定，

也許只是這兩個禮拜加班，
那至少你心裡已經是準備好的狀態。

如果用條件來定義自己，
能不能說，
該不該說，
說了結果會是如何？
反而讓自己在一片迷茫之中！

禪卡引導：

每一趟出遊你都讓別人決定嗎？
想完成的事你還沒行動嗎？
這一刻你有想法不是嗎？
放掉決定結果的好壞，
會讓你更有參與感！

後記：

你的人生，
由你自己來創造。

(76)

控制

牌義：

別因為害怕做錯，
而影響了自己的本質，
允許自己深入自己，
緊握的雙手只會讓自己緊繃，
所有的控制只會讓自己更不自由，
讓自己真實的流動。

這天假日認識已久的客人，
預約一點半的線上占卜，
隔了十分鐘後傳了訊息跟我說：
因為家裡有重要的事要處理，
可否改五點，
我看了自己的行事曆，
那天剛好沒什麼事，
我答應了。

時間到了五點多，
客人沒有打電話也沒有傳訊息給我，

我心想可能還在忙吧！
我先處理自己的事情，
一轉眼已經五點半了，
我傳了訊息詢問客人是否還在忙，
需不需要改天再預約？
客人回覆我說：
不好意思，還在忙，
老師我之後再跟你約好了。
我回覆：沒問題。

過了兩個小時之後，
我審視自己的心情，
說實在的我有點不舒服，
我不舒服的是，
如果你要更改時間，
應該是主動跟我聯繫，
而不是我問了才說，
那如果我沒問呢？
是不是一切都理所當然了。
我決定把我的感受跟對方說，
即便我們已經認識很久了，
我說：
如果你預約的時間，
突然有其他的變化，

可以提早讓我知道，
我時間留下來給你了，
卻沒有事先告訴我，
我覺得不被尊重。
你可以更改時間沒問題，
但約定的時間到了，
應該是先跟我知會一下，
而不是讓我癡癡的等，
謝謝你。
客人收到訊息後：
告訴我說，
是他的疏忽，
他下次會注意的。

我當然清楚他不是故意的，
每個人都有他不得已的苦衷，
但發現問題後，
我該面對的還是要面對，
如果因為在意關係的和諧，
不敢說出自己的感受，
我相信這個狀態如果持續下去，
我一定會受不了，
與其到那個時候才說，
不如及早讓彼此了解彼此在乎的點！

禪卡引導：

你常反反覆覆嗎？
你對自己是真實的嗎？
每年的願望清單你都會去完成嗎？
別因為害怕失敗，
而錯失了許多成長的經驗！

後記：

感謝這個發生，
讓自己的心鬆開許多。

(77)

強烈

牌義：

內心的想法與渴望已經非常明確，
目前只需要透過行動去執行，
對於你目前想說的、想完成的，
立刻去體驗它。

塔羅牌是一個工具，
有時候不需要透過牌卡，
我就能察覺對方發生的問題所在，
這些都要感謝，
慶玲老師在療癒師課程上的教導。

有時候遇到客人打電話來，
說了他的問題後，
在沒有抽塔羅牌的情況下，
他獲得了解惑，
但通話時間近一小時，
我在收費與不收費上不知如何拿捏，
如果不收費我的心又不平衡，

如果收費客人會怎麼看我呢？
這樣的狀態，
不會發生在同一個人身上，
但卻有著相同的發生，
其實我不是不願意跟客人聊天，
而是他並沒有先徵求我的意願，
我也沒有先詢問他打這通電話的目的，
後來，
我決定不想讓這樣的模式繼續下去，
我開始改變自己，
坦然的告訴對方，
如果你只要聊天我很歡迎你來空間聊聊，
如果你分享了你的狀態，
也希望聽聽我的看法，
這我必需要收費，
客人聽了也欣然接受。

畢竟對我來說，
聊天有聊天的模式，
否則久了我會覺得被佔了便宜，
正確的來說，
其實並沒有人佔我的便宜，
而是我自己沒有明確的準則，
想當個好人，

卻一再讓自己失去方向。

禪卡引導：

你有聚焦在自己身上嗎？
你有想去的地方嗎？
這一刻你想為自己做什麼呢？
與他人共處最好的方式是，
如實的表達自己當下的狀態，
關係會更加緊密。

後記：

找到方向了，
隨時可以調整回來。

(78)

單獨

牌義：

當一個人為自己的決定負起責任時，
那一刻他就充滿了力量與勇氣，
他會堅定的朝向目標前進，
不害怕危險，
也不在意是否有人支持陪伴，
這個篤定的信念，
將讓自己對自己是信任的。

我們常因為旁人的一句話、一個反應，
而改變了自己的決定。
認識薇拉前我留著中長髮，
交往之後的三個月，
我決定去修剪頭髮，
剪完頭髮後，
薇拉請我拍一張照片給她看，
她看了照片之後說：
哈，你怎麼剪這個髮型？
這個反應並不是我所預期的，

當時的我，
聽到了她的反應，
立刻要出門再去請美髮師修剪，
出門前，
我照了一下鏡子，
我問自己，
這個髮型明明是我自己決定的，
也跟美髮師確定了，
剪完後我也很喜歡很滿意，
為什麼這一刻，
我因為薇拉的反應，
要去更改我原本的想法和喜愛呢？

我停下腳步後，
決定不去修剪了，
我完全接納自己的決定，
薇拉跟我見面後，
我問了她為什麼會有這個反應？
她說：因為你傳照片來的時候，
我用電腦螢幕看，
跟你之前的髮型落差太大，
我一開始不習慣，
所以才會有這個正常的反應。

從浪子頭的髮型到西瓜皮，
每個人看到的反應本來就不同，
有些人覺得好看可愛，
有些人覺得之前的髮型比較適合我，
我自己覺得呢？
說實在的，
我還蠻喜歡的。

禪卡引導：

你很害怕做決定嗎？
你會對自己的決定負責嗎？
你會爭取屬於你的權利嗎？
勇敢的去經驗每個不確定性，
忠於自己的初衷並全力以赴！

後記：

堅定你所堅定的。

(79)

天真

牌義：

即便經歷了一些風雨，
但並不會影響這個人的本質，
他仍然是純粹自在，
願意再信任生命的每一個考驗。

書寫自己的生命體悟，
來到最後一章，
過程中所有的回顧，
彷彿再一次跟自己對話一樣，
是清理也是療癒自己的過程。
我的人生雖然無法重來，
但若沒有這一路上，
一次又一次的磨練，
我也無法用這些生活上的經驗來審視自己，
這些經歷的力量讓自己更加茁壯，
生命中的考驗無所不在，
直到讓我看清楚事情的原貌，
才能換來我內心深處的寧靜。

在夜深人靜的時候，
我也曾對自己說過很多次：
我盡力了、我也想放棄了！
甚至內心曾咆哮著老天，
為什麼這些事都要發生在我身上？
那一刻，
我自己竟沮喪的像個孩子一樣，
淚如雨下。
我知道，
當我勇敢地承認自己的脆弱，
卻又無能去改變現況時，
我必須再次揭開自己所犯下的錯誤，
這一路對自己的質疑、批判，
讓自己時時身陷在自己建構的牢籠裡，
直到我開始學習寬恕自己，
我才找到自己存在的良善與熱忱。

如今的我，
決定把遺失已久的自己找回來，
我感謝這一路上遇到的每個人，
每個發生，
謝謝您們當時的協助、陪伴、支持，
讓我想起我的本質！

禪卡引導：

你欣賞自己嗎？
你總是在逞強嗎？
你願意無條件接納自己的一切嗎？
與其去追求，
成為別人所喜愛的自己，
不如盡情的綻放自己獨特的魅力，
請允許自己擁抱自己，
享受專屬自己生命的意義！

後記：

所有風雨都會是人生風景。
（取自：五月天任性這首歌）

國家圖書館出版品預行編目(CIP)資料

愛是回家 / 孤帆著 .
-- 第一版 . -- 臺北市 : 樂果文化事業有限公司出版 : 紅螞蟻圖書有限公司發行 , 2025.08
面 ; 公分 . --(樂生活 ; 60)
ISBN 978-957-9036-65-8(平裝)

1.CST: 占卜 2.CST: 靈修

292.96 114009230

樂生活 60
愛是回家

作者 / 孤帆
總編輯 / 何南輝
行銷企劃 / 黃文秀
封面設計 / 引子設計
內頁設計 / 沙海潛行

出版 / 樂果文化事業有限公司
讀者服務專線 / (02)2795-3656
劃撥帳號 / 50118837 號 樂果文化事業有限公司
印刷廠 / 卡樂彩色製版印刷有限公司
總經銷 / 紅螞蟻圖書有限公司
地址 / 台北市內湖區舊宗路二段 121 巷 19 號(紅螞蟻資訊大樓)
電話 / (02)2795-3656
傳真 / (02)2795-4100

2025 年 8 月第一版 定價/ 360 元 ISBN 978-957-9036-65-8